Lisa Biritz

Spirit der Delfine und Wale

Im Fluss sein mit ozeanischen Begleitern

Schirner Verlag

Einen Teil der Einnahmen dieses Buches spendet die Autorin für den Schutz der Delfine, Wale und des Ozeans.

ISBN 978-3-8434-1151-6

Lisa Biritz:
Spirit der Delfine und Wale
Im Fluss sein mit
ozeanischen Begleitern
© 2014 Schirner Verlag, Darmstadt

Umschlag und Satz: Simone Leikauf,
Schirner, unter Verwendung von
www.shutterstock.com
(siehe Bildnachweis)
Redaktion: Janina Vogel, Schirner
Printed by: ren medien, Filderstadt,
Germany

www.schirner.com
1. Auflage Oktober 2014

Inhalt

Jeder für sich ist ein Tropfen.
Gemeinsam sind wir das Meer.

Einführung

Mit Anfang 20 fing ich an, meinem Herzen zu folgen. Ich ging auf Reisen um die ganze Welt, um auf meine Lebensfragen Antworten zu finden, die ich in meiner westlichen Erziehung nicht erhalten hatte. Dabei fand ich meine Lehrer im Buddhismus, im Schamanismus, im hawaiianischen Huna – und in der Natur, insbesondere in den Meeren.

Unterwegs habe ich mich daher immer wieder für längere Zeit an besonderen Natur- und Kraftplätzen am Ozean aufgehalten. Hier trifft man früher oder später unweigerlich auf Delfine, denn es gibt sie in allen Weltenmeeren. Ein schimmernder Rücken in der Ferne, ein Sprung in die Luft: Es war, als würden sie mich rufen. Da mir das Element Wasser immer schon sehr vertraut war – in meiner Familie gibt es etliche Taucher, wodurch ich mit der See aufgewachsen bin –, hatte ich keine Scheu davor, mich ins Wasser zu begeben und dem Ruf der Delfine und Wale zu folgen.

Bald reiste ich sogar nur ihretwegen an Orte auf der ganzen Welt: Ich besuchte die Kanarischen Inseln, Australien, Hawaii, die Karibik, Mittelamerika. Dabei inspirierte mich der Schriftsteller Sergio Bambaren: »Nur wer seine Träume lebt, kann seine Sehnsucht stillen.« Eines seiner schönsten Bücher ist *Der träumende Delphin*.

Ich fand Delfine einfach wunderschön: Ich liebte ihre Fröhlichkeit, ihre Verspieltheit und ihre Art, wie sie scheinbar mühelos im Wasser dahinglitten. Ich träumte von ihnen, und im Schlaf sangen sie Lieder für mich, wiegten mich und schwammen mit mir.
Eines Tages schwamm ich wirklich mit ihnen – auf dem offenen Meer. Alles geschah wie in einem Traum, den ich ein paar Tage davor gehabt hatte: Ich schnorchelte im kristallklaren, warmen Wasser, um uns herum eine Gruppe von zehn Delfinen. Ich hielt die Luft an, tauchte unter, drehte mich – so, wie auch die Delfine gern schwimmen und spielen. Zwei drehten sich mit mir, um mich herum. Gemeinsam bildeten wir eine Spirale, die immer wieder hinunter- und auftauchte.
Und dann streiften sie sanft meinen Arm und Rücken. Genauso, wie sie sich untereinander immer wieder liebevoll berühren. Es war für mich der wunderschönste, zärtlichste Austausch unserer Energien. Mein Herz strahlte.

Delfine sind telepathisch: Je weiter sich ein Mensch der Begegnung und dem Wunder und Mysterium des Lebens öffnet, desto näher kommen sie ihm. Ich kam mir dabei selbst nahe und erkannte, dass die Schönheit, die diese einfühlsamen Meeressäuger ausstrahlen, ein Teil meines Lebens geworden war. Ich machte in meiner inneren Entwicklung große Sprünge, ähnlich wie in der Selbsterfahrung und Therapie. Ich erfuhr tiefe Heilung – aber auf eine ganz leichte, spielerische und fließende Art, eben genauso, wie das Element Wasser beschaffen ist. Alles ging nur viel schneller, dauerte aber trotzdem an.

Ursprünglich hatte ich nie die Absicht, mit Delfinen zu heilen oder zu arbeiten – ich folgte einfach meiner Lebensfreude. Dabei wurde mir bewusst, welch wunderbare Lehrer die engelhaften Meeressäuger sind – wahrlich Heiler der Meere.

Kurze Zeit nach meiner ersten Schwimmbegegnung mit Delfinen las ich in der Zeitung von Atomtests im Südpazifik, von Bomben unter Wasser. Ich fühlte einen stechenden Schmerz in meinem Körper. Es war, als sei ich ein Teil des Meeres. In diesem Moment wurde mir klar: Ich bin tatsächlich ein Stück der Ozeane dieser Erde. Durch mein vieles Sein im Meer und durch die Liebe, die mir die Delfine, die Wale und die anderen Meeresbewohner wie Schildkröten, Mantarochen und Fische geschenkt hatten, war es, als ob ich selbst von einer Bombe getroffen worden wäre. Ich weinte, Tränen liefen meine Wangen hinab, und mein Herz und meine Seele taten weh. Ich wusste: So, wie ich fühlte und ein Bewusstsein hatte, so empfanden auch die Erde, das Meer und alle seine Bewohner – jedes ein eigenes Lebewesen mit einem Körper, einem Bewusstsein, einer Seele.

70 Prozent der Oberfläche unseres Planeten ist mit Wasser bedeckt. Das ist in etwa derselbe Wasseranteil wie in unseren Körpern. Sogar der Salzgehalt ist dabei etwa derselbe wie in unserem Blutplasma, und zwar dreieinhalb Prozent. Alles spiegelt sich – das Innen gleicht dem Außen. Wie sehr wir doch mit allem verbunden sind.

Wir kommen aus dem Wasser, verbringen unsere ersten neun Lebensmonate im Fruchtwasser der Gebärmutter. Ohne Wasser hätte unsere DNS keine Struktur, unsere Zellen könnten nicht miteinander kommunizieren. Wir brauchen Wasser, um zu überleben. Kein Wunder also, dass uns dieses Element so nah und vertraut ist – und dass die Bewohner der Meere solch eine große Faszination auf uns ausüben.

Gerade die Delfine und Wale ziehen immer mehr Menschen magnetisch mit ihren spielerischen Botschaften der Freude, Liebe und Leichtigkeit an – denn wo Spiel ist, gibt es keinen Platz für Krieg. Wir können viel von ihrer Weisheit, Tiefe, Sanftheit und Sensitivität lernen. Mit ihrer fließenden, leichten Art zu leben helfen sie uns, alte Grenzen zu überwinden und uns durch die Weite des Meeres zu öffnen.

Die Engel und Heiler der Meere sind eine bedeutende spirituelle Kraft und erreichen mit ihrer direkten, herzöffnenden und friedlichen Botschaft viele Menschen – sie sind eine Art Bestseller der Ozeane: An die zehn Millionen Menschen weltweit fahren jährlich zu frei lebenden Delfinen und Walen (M.E.E.R. e.V.), die sich an insgesamt 80 Ländern finden lassen. Diese Zahl beinhaltet allerdings nicht die gefangenen, sondern nur die wilden Delfine in ihrer natürlichen Umgebung, die weder gefüttert noch trainiert werden. Sie kommen aus freier Entscheidung, aus Neugierde und aus Freundschaft auf die Menschen zu.

Angesichts dieser atemberaubenden Zahl von Menschen, die Jahr für Jahr die lebensfrohen Meeressäuger in den Ozeanen besuchen, um sich von ihnen innerlich – bewusst oder unbewusst – berühren zu lassen, ist es umso wichtiger, dass dies auf umweltbewusste Art geschieht. Die Begegnung sollte den Menschen nicht nur sich selbst gegenüber öffnen, sondern ihn gleichzeitig für die Schönheit der Meeressäuger und Ozeane sensibilisieren, und ihm zu dem Bewusstsein verhelfen, dass er sie und die Erde bewahren muss.

Viele Menschen berichten davon – und auch ich habe es so erfahren und erlebe es noch heute so –, gerufen zu werden. Sie erzählen von Träumen, Visionen und Botschaften. Delfine und Wale, treten also telepathisch vermehrt mit uns in Kontakt, um uns in der Zeiten- und Bewusstseinswende zu unterstützen – und umgekehrt, um uns um Hilfe und Unterstützung im Schutz der Ozeane und ihrer Bewohner zu bitten.

Die Bedeutung der Delfine, Wale und des Wassers für unsere heutige Zeit erkannte auch die UNO an und ernannte das Jahr 2007 zum Jahr des Delfins – das einzige Mal übrigens, dass ein Tier für ein UNO-Jahr ausgewählt wurde. Das Motto sollte dabei nicht nur ihrem Schutz dienen, sondern auch ein Bewusstsein für das fragile Gleichgewicht zwischen den Menschen und dem Element Wasser auf unserem Blauen Planeten schaffen.

Ich durfte 2007 vor der UNO sprechen – über die Heilkraft der Delfine und Wale, von ihrer Freude, ihre Liebe, ihrem Frieden sowie über ihren Schutz und den der Meere. 2014 sprach ich erneut vor der UNO zu dem Thema.

Mit diesem Buch möchte ich meinen langjährigen Erfahrungsschatz teilen und dir ein Verständnis für die Welt der Delfine und Wale geben, für die Ozeane und das Wasser, von dem wir Menschen ein Teil sind. Es bringt neben umfassenden sowohl energetischen und spirituellen als auch wissenschaftlichen Hintergrundinformationen viele Übungen, mithilfe derer du deine Verbundenheit zum Meer vertiefen und so Frieden und Liebe erfahren kannst. Deine Gefühle kommen ins Fließen – und Heilung darf geschehen.

Vom Meer und seinen Bewohnern lernen wir, telepathisch wahrzunehmen, wie alles miteinander verbunden ist, da Wasser ein hervorragender Vermittler von Informationen und Energien ist. Dadurch erfahren wir Frieden und Liebe.

Dabei können dich zusätzlich meine CDs *Spirit der Meere: Reise mit den Delfinen – Ruf der Buckelwale* und *Botschaft der Delfine* unterstützen, auf denen du geführte Meditationen findest, die begleitet werden von entspannender Musik und den wunderschönen Gesängen der Delfine und Wale.

Seit vielen Jahren begleite ich Menschen dabei, mit Delfinen zu schwimmen, den Walen, dem Meer und seinen Bewohnern wie den Meeresschildkröten, den Mantarochen und den Fischen zu begegnen und sich für ihre Botschaften zu öffnen. Das ist heute mein Motor, mein Antrieb. Ich verstehe mich als Brückenbauerin zum Element Wasser und den Lebewesen darin, weil ich aus eigener Erfahrung weiß, wie wohltuend und heilsam diese Begegnungen sind. Informationen zu meinen Delfin- und Walseminaren findest du auf meiner Homepage: www.lisarainbow.com.

Ich bin dankbar, dass es mir erlaubt ist, mit den Walen und Delfinen zu arbeiten. Bewusst spreche ich davon, dass es mir *erlaubt* ist, denn es ist auch ihre Entscheidung. Sie sind lebendige Wesen, möglicherweise viel intelligenter als wir Menschen. Ich betrachte die Arbeit mit ihnen als Ehre und großes Geschenk.

In vielen indigenen Kulturen heißt es, dass die Delfine und Wale das Gedächtnis der Welt, die Hüter der Zeit seien und die Energie der Erde aufrechterhalten würden. Wenn es sie nicht mehr gäbe, so seien auch die Tage der Menschen gezählt. Lassen wir es nicht so weit kommen.

Lisa Biritz

www.lisarainbow.com

Engel und Heiler der Meere

Weltweite Familie und Liebe

Aloha-Spirit

Ich bin viel gereist, auf alle Kontinente und in über 50 Länder. Dabei habe ich die Delfine und Wale in allen Meeren getroffen. Geblieben bin ich in Hawaii – dieser magischen Inselkette des alten Lemurias, wie der uralte Kontinent heißt, der vor etwa einer Million Jahre existiert haben und 25 000 Jahre vor unserer Zeitrechnung untergegangen sein soll. Hawaii und die südpazifischen Inseln sind seine letzten Überreste.

Der Kontakt mit den Delfinen ist hier für mich ein ganz besonderer: Man kann zu ihnen direkt vom Strand aus schwimmen, und sie bleiben oft stundenlang. Es ist so, als würden sie die Atmosphäre von Freundlichkeit und Liebe des Aloha-Spirits beeinflussen – aber vielleicht ist es auch umgekehrt.

Das meiste über die hawaiianische Lebensweise und die kulturellen Werte der Inseln bringt mir Kalani bei, mein erster Lehrer auf der Insel Kauai. Ich bin Anfang 20, und Kalani spricht mit mir gern über den Aloha-Spirit:

»Gott hat uns die Liebe gegeben. Wir nennen sie ›Aloha‹. Wir teilen dieses Aloha miteinander. ›Aloha‹ heißt Frieden, Freundlichkeit und Zuneigung. Wir sagen ›Aloha‹, um uns zu begrüßen und uns zu verabschieden. Ein Hawaiianer zu sein, bedeutet, jeden einzelnen Tag in Aloha zu leben, zu sein und zu handeln.

Bleibe locker, wie die ›nai´a‹, die Delfine. Lache über dich selbst und sei mit anderen zusammen glücklich. Genauso, wie man selbst, möchten auch alle anderen glücklich sein.

Sei geduldig. Habe Zeit für die älteren Menschen und Kinder in deiner ›ohana‹, deiner Familie und Gemeinschaft.«

Ich zelte wochenlang auf Kalani's Land und verbringe die Morgenstunden mit den Delfinen am Strand. Dann gehe ich ins Wasser, um mit ihnen zu schwimmen und zu spielen. Manchmal bleiben sie nur für eine halbe Stunde, manchmal aber auch den ganzen Vormittag. Dies weiß man vorher nie, es ist immer eine Überraschung.

Wenn die Delfine einmal nicht da sind, bleibe ich den Morgen über einfach am Strand, entspanne mich, lese und habe Spaß. Es ist Winter, und so sind auch die Wale in der Bucht, um ihre Babys im warmen Tropenwasser zu gebären. Oft kann ich sie von der Küste aus dabei beobachten, wie sie durch die Wasseroberfläche brechen und wie ihre gewaltigen Körper majestätisch vertikal in die Luft steigen, um dann mit lautem Donnern und enormem Platschen wieder auf dem Wasser aufzuschlagen. Danach fahre ich wieder zu Kalani, meinem ersten Zuhause in Hawaii.

Eines Tages schenkt mir Kalani eine Kette, an der ein geschnitzter Holzdelfin hängt. »Das hier bist du«, sagt er. »Trage ihre Botschaft des Aloha in die Welt.« Damals weiß ich noch nicht, dass ich eines Tages häufig mit Delfinen arbeiten werde. Manchmal sehen andere Menschen, was in einem steckt, bevor man es selbst erkennt.

Das Leben der Meeressäuger

Delfine und Wale sind wie wir Menschen Säugetiere. Wir sind durch die Evolution mit den Delfinen entfernt verwandt – jeder von uns trägt auch ein bisschen »Delfin« in sich. Es gibt sie dreimal so lange auf der Erde wie die Menschen – seit 60 Millionen Jahren.

Sie sind die wendigsten und besten Schwimmer der Meere und können bis zu 2 000 Meter tief, und bis zu 60 Kilometer pro Stunde schwimmen und bis zu sechs Meter hoch springen. Im Vergleich zu den Delfinen sind wir Menschen schlechte Schwimmer. Zudem haben wir ein kleineres Gehirn und eine kürzere evolutionäre Geschichte.

Die fröhlichen Meeressäuger widmen einen Großteil ihrer Zeit dem Spiel und Spaß. Manche dieser spielerischen Aktivitäten ergeben durchaus einen Sinn, z. B., wenn sie aus dem Wasser hochspringen, um zu sehen, ob sich irgendwo auf der Oberfläche Seevögel gesammelt haben, die sie so zu Fischschwärmen führen, oder, wenn sie beim Herabplatschen auf die Wasseroberfläche erschrockene Fische in einen Haufen zusammentreiben, um sie dann leichter zu fangen.

Aber häufig sind ihre Sprünge, ihr Wellenreiten und ihr gegenseitiges Fangen rein spielerischer Natur. Wenn es einen Sinn für diese Spiele gäbe, dann den, dass sich durch dieses fröhliche Treiben soziale Bindungen entwickeln – wie bei uns Menschen.[1]

Wenn die Meeressäuger nicht spielen, jagen und essen sie. Delfine mit einem Körpergewicht von etwa 160 Kilogramm fressen täglich etwas sieben bis zehn Kilogramm Fisch, Krustentiere und Tintenfisch. Bei der Nahrungssuche arbeiten sie zusammen und

---

1 Dr. Peter Evans, The Natural History of Whales and Dolphins.

verwenden ihr hochentwickeltes Sonar-System. Mit diesem sind sie in der Lage, Fische zu betäuben oder zu töten.[2]

Sie könnten theoretisch auch Menschen mit ihrem kraftvollen Sonar betäuben oder töten – aber das tun sie nicht, sondern sie helfen uns stattdessen, spielen mit uns und sind offen für uns. Sie könnten sich auch gegenseitig betäuben und verletzen – aber auch das tun sie nicht.

Stelle dir vor, wir Menschen hätten solch ein eingebautes Sonar, mit dem wir andere Menschen zappen, betäuben und sogar töten könnten. Hätten wir es nicht schon längst gegeneinander gerichtet? Welch hohe Intelligenz, Weisheit und spirituelle Reife muss eine Spezies wie die Delfine aufweisen, um dies nicht zu tun.

---

2 Dr. Kenneth Norris, University of California Natural Reserve System.

23

Liebe

Stattdessen verbringen Delfine den Großteil ihrer Zeit damit, zu kuscheln und Liebe zu machen. Sie berühren einander permanent und wirken dabei sehr feinfühlig. Wie Menschen haben sie Sex nicht nur für die Reproduktion, sondern einfach für den Genuss. Dies trifft generell auf Säugetiere mit einem großen Gehirn und einem stark gefalteten und dadurch vergrößerten Neocortex (einer Hirnstruktur, die komplizierte Denkvorgänge und das Selbstbewusstsein steuert) zu, der für unsere Sinneseindrücke zuständig ist.

Als einziges anderes Säugetier neben dem Menschen lieben sich Delfine und Wale Bauch zu Bauch – was laut Forschern darauf hinweist, dass sie dabei auch einen orgasmischen Zustand erreichen können. Tatsächlich wirkt der ganze Akt bei den sensiblen Meeressäugern sehr anmutig, wie ein Ballet, und so, als würde echte Liebe ausgetauscht werden. Dabei streicheln die liebevollen Meeressäuger einander sanft mit der Schnauze und reiben die Seitenflossen zärtlich aneinander. Die großen Wale halten sich sogar mit ihren langen Flossen – wie mit Armen – aneinander fest.

Die Meeressäuger nutzen ihre Sexualität auch, um ihre sozialen und gemeinschaftlichen Bindungen herzustellen und zu bekräftigen. Es gibt – vor allem bei den Delfine – ständige sowohl hetero- als auch homosexuelle Interaktionen in der Gruppe, und das ganze Liebesspiel ist eine gesellige Angelegenheit. Die Weibchen vollziehen mehrmals täglich mit verschiedenen Männchen den sexuellen Akt. Generell gehen männliche und weibliche Delfine – und auch Wale – keine Paarbeziehungen ein, sind nicht monogam, und es gibt keine lebenslangen sexuellen Bindungen.[3]

Dies soll natürlich keine Aufforderung sein, auch so zu leben. Ich selbst etwa bin monogam veranlagt. Aber es ist eine Einladung, den traditionellen menschlichen Begriff von Liebe zu erweitern, unkonventionellere Menschen zu akzeptieren und das Herz zu öffnen. Jeder soll selbst entscheiden, wen und wie er liebt – und auch das darf sich im Laufe der Zeit verändern, denn alles ist ständig im Wandel.

Liebe hat so viele Gesichter und äußert sich nicht nur körperlich. So kann man Liebe auch für Freunde und Verwandte, für ein Land oder für die Menschheit fließen lassen – und schließlich für alles Leben auf unserem wunderschönen Planeten Erde. Die elementare und uralte Macht, die alles Lebendige nährt, wird für immer und ewig die Liebe und das Mitgefühl sein.

Liebe ist die stärkste Kraft und Medizin, die es gibt. Sie ist der Klebstoff, der das Universum zusammenhält, und die Energie, die dafür sorgt, dass die Menschen auf dieser Erde überleben können. Die meisten von uns üben die Liebe noch. Und genau deswegen sind wir alle hier auf der Erde.

3 Dr. Randall Wells, Mote Marine Laboratory, Sarasota, Florida.

Ein Leben in der Gemeinschaft

Der Ozean ist ihre Heimat – schwerelos, weit und frei. Delfine und Wale leben darin in einer Gemeinschaft, in der Individualität keinen Widerspruch bedeutet. So haben z.B. Studien anhand von Fotografien der Rückenflossen bestimmter Delfine – ähnlich einzigartig wie der menschliche Fingerabdruck und daher zur Identifikation bestens geeignet – gezeigt, dass einzelne Delfine manchmal auf Wanderschaft schwimmen, zum Teil um die halbe Welt. Unterwegs halten sie sich über längere Zeit auch bei anderen Delfingruppen auf. Manche bleiben dann sogar bei einer neuen Familie, sorgen für einen genetischen Austausch und bringen so ihr Erbgut in andere Gemeinschaften ein. Andere kehren nach Jahren wieder zu ihrer ursprünglichen Gruppe zurück. Und einige wenige Delfine bleiben allein, sogenannte »solitary« Delfine.[4] Dieses Verhalten ähnelt sehr dem menschlichen Verhalten.

Delfine und Wale gibt es weltweit in allen Meeren. Einige Arten schwimmen dabei von den Ozeanen auch in die Flussdeltas. Nur wenige Arten leben ausschließlich im Süßwasser – dazu zählen die sogenannten Flussdelfine, die in sehr großen Flüssen wie dem Amazonas, dem Ganges oder dem Jangtse leben.

Während viele der Meeressäuger wie etwa der Blau-, der Buckel- und auch der Schwertwal in allen Ozeanen zu finden sind und dabei beachtliche Entfernungen zurücklegen, gibt es auch einzelne Spezies, die nur lokal vorkommen. Es gibt sowohl Arten, die die tieferen Gewässer bevorzugen als auch solche, die häufig oder ausschließlich in Küstennähe leben. Manche halten sich zudem nur in tropischen oder subtropischen Ozeanen auf, etwa der Brydewal oder der Rundkopfdelfin. Andere findet man hingegen im Bereich des südlichen oder nördlichen Polarmeeres, wie z.B. der Narwal. Auch die Weißwale, die als »Belugas« bekannt sind, leben in den arktischen Gewässern.

---

4 Studie der NRDA, Barataria Bay, L.A.

In europäischen Gewässern wurden bisher insgesamt 32 Wal- und Delfinarten nachgewiesen.

Delfine und Wale leben zusammen in Gruppen mit sechs bis 150 Mitgliedern. Eine Familie besteht nicht – wie es bei Menschen üblich ist – aus Mutter, Vater und Kindern. Ihre Gesellschaft ist viel flüssiger, fließender. So halten sich nicht nur der Vater und nächste Verwandte häufig bei Mutter und Kind auf, sondern auch andere Mitglieder der Gruppe. Die Verbindung zwischen Mutter und Kind bleibt aber eng und ein Leben lang bestehen.

Während der Dauer ihres Lebens, helfen sich die Delfine. Niemals lassen sie ihre Alten, Kranken und Schwachen zurück. Die Gruppenführung übernehmen meist ältere, erfahrene Delfine, sowohl Männchen als auch Weibchen. Bei Gefahr nehmen die Männchen die Weibchen und Kinder in ihre Mitte. Und so wie die Menschen trauern und feiern sie auch.[5]

Evolution – Unterschied Delfine und Wale

Delfine und Wale sind eine Familie. Es gibt sie auf der Erde seit 60 Millionen Jahren – dreimal so lange wie Menschen. Alle Delfine und Wale gehören als »Cetacea« in die Ordnung der Säugetiere mit etwa 100 Arten, die ausschließlich im Wasser leben. Immer wieder werden neue Spezies entdeckt, zuletzt 2014 eine Flussdelfinart mit dem Namen »Inia araguaiensis« in Brasilien im Amazonasbecken.

Diese Arten teilen sich, wie alle im Tierreich, in ein komplexes System aus Familien und Gattungen auf. In der Zoologie unterscheidet man nicht zwischen Walen und Delfinen, sondern primär zwischen Zahn- und Bartenwalen – die beiden Hauptunterord-

5 Dr. Kenneth Norris, University of California, Santa Cruz.

nungen. Diese beiden Linien haben sich im sogenannten Eozän vor etwa 29 bis 39 Millionen Jahren voneinander getrennt. Im allgemeinen Sprachgebrauch, wie auch ich ihn in diesem Buch verwende, spricht man aber eher von Delfinen und Walen statt von Zahn- und Bartenwalen. So bezeichnet man mit Delfinen kleinere Gattungen, die bis zu ein paar Metern lang werden können, und mit Walen größere Arten, die zu den größten Säugetieren auf unserem Planeten gehören. Zoologisch zählen aber beide zu der Kategorie der Wale, die sich eben in Barten- und Zahnwale aufteilt.

Alle Bartenwale sind von gigantischem Wuchs: Selbst die kleinsten werden mehr als sechs Meter groß, die größten erreichen hingegen eine Größe von bis zu 30 Metern. Sie filtern mit hornähnlichen Fäden Plankton und Krill (kleinen Organismen unterschiedlicher Art, die frei im Wasser schweben). Dazu nehmen sie teilweise bis zu 80 Tonnen Meerwasser mit einem Mal in ihre riesigen Mäulern auf und pressen es durch ihre Barten aus Horn, die sich in ihrem Oberkiefer befinden und an denen die kleinen Meerestiere hängen bleiben, wieder hinaus.

Zahnwale wiederum können je nach Art 1,20 bis 18 Meter lang werden. Im Gegensatz zu den Bartenwalen besitzen sie keine Barten zum Filtern von Plankton, sondern haben ein Gebiss. Sie sind damit Meeresräuber und jagen andere Meerestiere. Die Familie der Delfine zählt zu den Zahnwahlen und beinhaltet mit rund 40 Arten die meisten Gattungen in der Cetaceensystematik. Sie weisen ein paar Besonderheiten auf: So sind sie im Gegensatz zu vielen anderen Arten recht klein und vor allem sehr schmal und stromlinienförmig gebaut, wodurch sie sehr schnell schwimmen können.

Klänge und Töne

Die Ozeane sind eine Welt voller Klänge. In der Dunkelheit der Unterwasserwelt – ähnlich wie Fledermäuse in der Nachtfinsternis – verwenden Delfine, Wale und andere Meerestiere Töne, um zu navigieren.

Mithilfe ihres Echoortungssystems und ihrer Melone, einem bestimmten Organ in ihrem Kopf, senden sie Ultraschall-Signale aus, die von im Wasser befindlichen Objekten zurückgeworfen werden. Die Meeressäuger fangen das Echo wieder auf und machen sich so ein räumliches, holografisches Bild von ihrer Umgebung. Es hilft ihnen, sich zu orientieren, Beutetiere aufzuspüren oder Feinden aus dem Weg zu gehen.

Dabei bringen sie Geräusche hervor, die Menschen nicht hören können. Menschen hören bis 20 000 Hertz, Delfine und Wale bis 250 000 Hertz – also über zehn Mal so viel! Wir Menschen können die Hochfrequenzgeräusche der Delfine und Wale aber mit dem Gleichgewichtsorgan und dem Sacculus, der sich in unseren Ohren befindet, wahrnehmen. So spüren wir Bewegungen, auch wenn wir sie nicht mehr hören oder sehen können. Es ist also keine Einbildung, wenn wir die starken Energien der Delfine und Wale fühlen.

Die Meeressäuger können mit ihren Hochfrequenztönen über Tausende von Kilometern miteinander kommunizieren, denn Wasser trägt Vibrationen viel weiter als die Luft. Ihr linguistisches System verfügt dabei über Trillionen von Symbolen. Zusammen mit Wissenschaftlern haben z. B. Delfine hunderte menschlicher Wörter gelernt – umgekehrt, haben die Menschen hingegen keinen einzigen ihrer Begriffe erlernen können.

Delfine geben bis zu fünf Klick- und Schnatterlaute gleichzeitig von sich. So erschaffen sie piktographische Hologramme – dreidimensionaler Bilder voller Energie-Informationen. So kommunizieren sie miteinander, und so kommunizieren sie mit den Menschen.

Wenn wir uns also in Tag- oder Nachtträumen oder in Visionen von den Delfinen und Walen gerufen fühlen, ist dies tatsächlich so. Gerade in der jetzigen Zeit treten Delfine und Wale auf der ganzen Welt vermehrt in Kontakt mit uns Menschen, um unser Leben zum Besseren zu verändern.

Fleckendelfin: Liebe

Fließend gebe und empfange ich Liebe in allen Formen. Ich bin Liebe.

Fleckendelfine erreichen eine Körperlänge von zwei bis dreieinhalb Metern und ein Gewicht von 100 bis 140 Kilogramm. Sie lieben es, zusammen zu sein. Wie alle ihrer Art versammeln sie sich regelmäßig miteinander, manchmal zu Hunderten oder sogar zu Tausenden in sogenannten »Super-Pods« – Riesen-Gruppen. Auch die großen Wale treffen sich gern mit kleineren Delfinen. Die Engel der Meere leben in einer Realität des Friedens, der Liebe und des Spiels, der Harmonie und der Herzkommunikation.

Lernen wir von ihnen. Unterstützen und helfen wir einander, nicht nur in unserer engen Familie, sondern auch in unserer Menschheitsfamilie. Wir alle sind eine Gemeinschaft.

Die Schönheit und Sensitivität der Delfine öffnet dich für deine Empfindsamkeit. Du wirst sanfter, weicher, friedlicher. Das Leben ist oft hart, und manchmal vergessen wir, wie schön es ist, zärtlich und sanftmütig zu sein – so miteinander umzugehen, wie man mit einem Baby umgeht. Jeder Körper, jede Zelle sehnt sich nach Zärtlichkeit und nach Berührungen. Jede Zelle hat ein Herz. Wenn wir lieben, glühen unsere Zellkerne. Es fühlt sich einfach gut an.

Alles, was wir erfahren, wird im Körper gespeichert. Negative Erfahrungen, die in den Zellen abgelagert werden, können Krankheiten verursachen. Nur, wenn sie voller Liebe berührt werden, können sie sich wieder entspannen. Schenke deinem Körper diese Liebe und diese zärtlichen Berührungen, gehe einfühlsam mit dir selbst um.

Info: Fleckendelfin

Je älter Fleckendelfine werden, desto mehr Flecken haben sie auf ihrer Haut – wie bei den Menschen. Je nachdem, wo die Fleckendelfine leben, kann das Muster sehr unterschiedlich sein.

Der Atlantische Fleckendelfin ist sehr aktiv und einer der freundlichsten Meeressäuger. Er spielt gern stundenlang in der Bugwelle von Booten. Er ist aber nicht nur gesellig mit anderen Delfinarten, sondern er sucht auch gern den Kontakt zu Menschen, vor allem zu Schwimmern im Wasser.

Übung: Liebe

Lege dich an einen ruhigen Ort, und schließe allmählich deine Augen. Atme ein paar Mal tief ein – und tief aus.

Nimm jetzt vor deinem inneren Auge wahr, wie verspielte Delfine einander liebevoll berühren. Vielleicht spürst du dabei auch in dir eine Sehnsucht nach zärtlichen, empfindsamen und sensitiven Menschen. Die meisten Menschen haben diesen Wunsch, sanft und einfühlsam miteinander umzugehen.

Schaue nun in dein Inneres, und nimm wahr, wo dunkle Flecken, wo dunkle Schleier in dir sind, die dich daran hindern, sanfte Liebe zu empfangen und zu geben. Ist es ein Stechen in deinem Herzen, eine dunkle Last auf deinen Schultern, ein Schleier in deinem Verstand, eine Leere in deiner Seele?

Nimm wahr, wo deine Energie nicht frei fließen kann – in allen Ebenen deines Körpers –, emotional, mental, seelisch und physisch.

Um diese negativen Erfahrungen in deinen Zellen aufzulösen und loszulassen, atme aus, atme diese dunklen Flecken deines Energie- oder deines physischen Körpers aus. Stelle dir währenddessen vor, dass die Delfine dich dabei unterstützen, indem sie sanft um dich herum, sogar durch dich hindurch schwimmen. Die Delfine und das Wasser reinigen dich von deinen Altlasten.

Du bist nun frei, schwerelos, schwebend und leicht im Wasser mit den Delfinen. Es fühlt sich gut an. Nimm dir Zeit, solang du möchtest, dir von den Delfinen helfen zu lassen und heil zu werden.

Da Liebe in beide Richtungen fließt, achte darauf, ob die einfühlsamen Meeressäuger auch dich um Botschaften bitten. Frage sie, ob auch du ihnen helfen kannst — etwa beim Umweltschutz oder Ähnlichem.

Öffne anschließend ganz allmählich, vielleicht mit einem Gähnen oder einem Strecken deines Körpers, deine Augen.
Willkommen im Leben!

Höhere Intelligenz

Delfine und Wale sind tatsächlich hochintelligent, und dies wird weitgehend anerkannt. Wissenschaftlich steht bereits seit Jahren überhaupt nicht mehr zur Debatte, dass Delfine und Wale ebenso oder gar intelligenter sind als der Mensch. Es gibt dazu eine Vielzahl an Studien.[6]

Ihr Gehirn ist dem des Menschen ebenbürtig, wenn nicht sogar überlegen. Kein Säugetier auf der Welt hat im Verhältnis zu seiner Körpermasse ein so großes Hirn wie Delfine und Wale. Der denkende und assoziative Bereich ist bei ihnen um 40 Prozent größer als bei den Menschen, ihr Kurzzeitgedächtnis zudem wesentlich länger. Ihr Gehirn weist eine stärkere Faltung und größere Oberfläche auf, was sich vor allem auf den Neocortex auswirkt. Keine andere Art der Welt hat ein so gewundenes Gehirn wie Delfine.

6 z.B. Dr. Lori Marino, Emory Universität, Atlanta.

Das bedeutet, dass die klugen Meeressäuger positive und negative Empfindungen erleben, Emotionen und ein Selbstbewusstsein besitzen und in der Lage sind, ihr Verhalten zu steuern. Delfine und Wale erkennen einander und begegnen sich mit Respekt, meist sogar mit offener Zuneigung. Sie nehmen sich im Spiegel wahr – eine Leistung, die außer ihnen nur Menschen, Elefanten und Menschenaffen vollbringen –, gehen analytisch und planmäßig vor und lösen komplexe Aufgaben. Außerdem besitzen sie die Fähigkeit, körperlich und gefühlsmäßig intensiv und lang anhaltend sowohl zu leiden als auch sich zu freuen.

Diese Kombination von geistiger Kapazität und Verletzlichkeit ist also nicht allein dem Menschen zu Eigen – Delfine und Wale haben sie im Verlauf ihrer fast 60 Millionen Jahre langen Evolution ebenfalls erworben.

Das ist der wissenschaftliche Stand zur Intelligenz von Delfinen und Walen. Wesentlich interessanter ist dabei aber die Frage: Was können wir von den hoch entwickelten Meeressäugern lernen?

Begegnung

Meine erste Begegnung mit Delfinen findet in Florida statt. Ich bin Teenager, und zusammen mit meinen Eltern und meinem Bruder besuche ich dort Freunde meiner Eltern. Sie besitzen ein kleines Segelboot.

Eines Nachmittags segeln wir aufs Meer hinaus. Aus dem Nichts tauchen plötzlich einige Delfine auf. Mein Herz hüpft vor Freude. Man kann nicht anders, als Delfine zu lieben. Sie bringen jeden zum Lächeln.

Die Delfine bleiben eine Weile bei uns und schwimmen neben uns her. Sie sind so nahe, dass ich ihr Schnattern und Pfeifen hören kann, ihr starkes Atmen und das Spritzen des Wassers aus ihren Blaslöchern.

In ihren Augen erkenne ich die Intelligenz, mit der sie uns mustern, genauso wie auch Menschen dies tun. Das erstaunt mich am allermeisten. Sie nehmen uns regelrecht unter die Lupe. Ich habe das Gefühl, sie scannen und lesen mich von oben bis unten und bis in den tiefsten Winkel meiner Seele. Sie nehmen mich wirklich wahr.

Rechte für Delfine

»Was bedeutet die hohe Intelligenz von Delfinen?«, fragte der Ethik-Professor Thomas White von der Loyola Marymount Universität in Los Angeles 2010 auf dem Kongress der weltgrößten Forscherorganisation AAAS (American Association for the Advancement of Science). Er knüpfte dabei an ein Manifest für die Rechte von Delfinen und Walen an, das bereits in den 60er-Jahren von den Meeresexperten Jacques Cousteau und Dr. John Lilly befürwortet worden war.

White wies nach, dass Delfine alle Kriterien erfüllen, um als Individuen definiert zu werden. Als Individuum oder Person wird jemand bezeichnet, der eine moralische Gesinnung, einen Sinn für Recht und Unrecht sowie ein Verantwortungsbewusstsein und ein Pflichtgefühl aufweist.

Da Delfine und Wale diese im Verlauf ihrer Evolution ebenfalls erworben hätten und unzählige wissenschaftliche Studien dies belegen würden, stünden ihnen ähnliche Rechte zu, wie sie der Mensch für sich beanspruche, argumentierte der Ethikprofessor. Dann dürften die Meeressäuger nicht »wie Sklaven« für Tiershows vermarktet und zu Hunderttausenden im östlichen Pazifik gejagt und geschlachtet werden, und sie dürften nicht als Eigentum betrachtet, sondern müssten mit Achtung behandelt werden.

Nach Ansicht des Experten bietet der Delfin für den Menschen die Chance, eine Ethik zu entwickeln, die »eine Wende in dem Verhältnis von Homo sapiens zu anderen intelligenten Arten auf unserem Planeten herbeiführt« – eine, die geprägt ist von Einfühlungsvermögen, Respekt und Gleichstellung.

Nur drei Jahre später trug Dr. Whites Argumentation erste Früchte: 2013 erkannte Indien offiziell Delfine und Wale als nichtmenschliche Personen an, deren Recht auf Leben und Freiheit respektiert werden muss. Im Bau befindliche Delfinarien wurden geschlossen.

In einer Erklärung sagte die indische Regierung, dass von wissenschaftlicher Seite ganz klar sei, dass Cetaceen (Wale und Delfine) hochintelligente und empfindsame Lebewesen seien und somit als nichtmenschliche Personen mit den entsprechenden Rechten angesehen werden müssten.

Zur selben Zeit erklärten die Fischer der kleinen, etwa 160 Kilometer vor Tokio gelegenen Insel Toshima ihre Delfine zu Mitbürgern. Die Fischer von Toshima wollten damit der Welt zeigen, dass es – trotz der jährlich in einer Hetzjagd getöteten Delfine von Taiji (mehr dazu unter »Abgeschlachtete Delfine« auf Seite 62) – auch Menschen in Japan gibt, die sie achten. Die Meeressäuger genießen jetzt den vollen Schutz in den Gewässern rund um die Insel.

Großer Tümmler:
Auf den Wellen gleiten

*Ich vertraue darauf,
dass mein Leben gut
weiterfließt.*

Mache es wie die fröhlichen Delfine: Reite mit den Wellen, und schwimme mit der Strömung auf dem leichtesten Weg – dem des geringsten Widerstandes –, spielerisch und in Leichtigkeit. Begib dich mit Optimismus, Geschmeidigkeit und Flexibilität in neue Situationen. Vertraue dem Fluss und den Wellen des Lebens, denn eines ist sicher: Das Leben geht weiter, unentwegt. Auch wenn du Veränderungen durchläufst, egal, in welchem Bereich, kannst du locker und flexibel sein und mit dem unentwegten Wandel der Zeiten mitlaufen. Du brauchst dich an nichts und niemandem unnachgiebig festzuklammern, sei es aus Angst vor Neuem, Unbekanntem oder aus Angst vor Mangel. Das Leben ist Veränderung – und dies ist ein großzügiges Universum!

Wenn also eine Welle abebbt oder gar bricht – ruhe dich aus, und steige einfach auf die nächste auf, die kommt! Das Universum bringt dir eine unendliche Vielfalt an Möglichkeiten und Wellen.

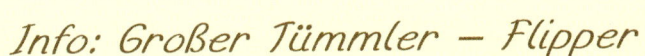

Info: Großer Tümmler – Flipper

Der Große Tümmler ist grau gefärbt und hat einen helleren Bauch. Er kann zwischen 1,9 und vier Meter lang werden. Sein Gewicht liegt in der Regel zwischen 150 und 300 Kilogramm, er kann aber auch ein Gewicht von bis zu 650 Kilogramm erreichen. Tümmler sind in allen Ozeanen verbreitet. Es ist die Spezies der Delfine, die durch die Serie Flipper bekannt wurde. Sie zählen zu den aktivsten und spielerischsten Delfinen – und werden deswegen leider oft für Delfinarien benutzt.

In der freien Natur kann man Tümmler oft beim Reiten auf Bugwellen, beim Surfen und Springen beobachten.

Übung: Gleiten

Schließe deine Augen, und komme zur Ruhe.

Sieh vor deinem inneren Auge einen Wellenreiter. Beobachte, wie er wendig auf der Welle reitet, und sich dann am Ende wieder auf seinem Brett ausruht — und wartet, bis ihn die nächste Welle mitträgt. Um ihn herum folgen auch Delfine dem Rhythmus der Wellen.

Nun stelle dir vor, du bist dieser Wellenreiter! Erlebe das Gefühl, genau zu wissen, wann der richtige Zeitpunkt gekommen ist, auf eine neue Welle aufzusteigen — und wann es stimmig ist, wieder von dieser abzugleiten und sich auszuruhen. Dabei begleiten dich die Delfine.

Als Nächstes nimm dein Leben wahr. Was sind die »Wellen« in deinem Leben? Im privaten und im beruflichen Bereich? Hinweise bekommst du dabei von den Delfinen, die dir den Weg weisen.

Wo hast du das Gefühl, dass eine Welle dich mitträgt und viel Energie vorhanden ist — und wo ist es an der Zeit, abzugleiten, sich auszuruhen und zu warten bis eine neue Welle dich wieder mitträgt?

Erlebe dabei, wie du unentwegt weiterfließt. Genieße es, solang du möchtest.

Komme anschließend zurück, und öffne wieder deine Augen.

Traumzeit und Schlafen

Gut die Hälfte deines Lebens verbringst du in deinen Träumen – sei es in deinen Träumen des Nachts oder in deinen Tagträumen. Der Traum ist die Energie hinter allem, was ist. Er ist die Kraft, die hinter den sichtbaren Dingen in der unsichtbaren Welt fließt. Er durchströmt alle Geschöpfe, er ist die Grundsubstanz der materiellen Welt. Die Kraft des Träumens spiegelt sich in allem wider. Sie vibriert direkt hinter der alltäglichen Welt.

Für viele alte Kulturen besteht kein Unterschied zwischen Traumwelt und Wachzustand. Die Traumzeit ist für sie sogar wichtiger und realer als das wirkliche Leben, da der Traum einfach alles erschafft – sei es den Baum, den Ehepartner oder die Kinder. Die Traumzeit bringt Ruhe vom Alltag und Erholung, sie ermöglicht es, auf andere Ebenen an die Oberfläche zu steigen.

Wenn Wale und Delfine schlafen, dann nur halb: Eine Gehirnhälfte ruht, die andere ist stets wach. Das ist wichtig, damit sie nicht im Schlaf ertrinken, denn als Säugetiere müssen sie regelmäßig an die Wasseroberfläche schwimmen, um Luft zu holen.

Dabei achtet die aktive Hirnhälfte in einer Art Dämmerzustand auf mögliche Feinde und Hindernisse und sichert der schlafenden Hirnhälfte so Ruhe und Entspannung. Das der schlafenden Gehirnseite gegenüberliegende Auge wird in der Regel geschlossen. Nach etwa zwei Stunden wechseln sich die Gehirnhälften ab.

Die hoch entwickelten Tiere ruhen horizontal oder vertikal im Meer oder schlafen bei langsamer Bewegung an der Oberfläche sowie unter Wasser. Sie ruhen nicht die gesamte Nacht. Zwischendurch gibt es immer wieder aktive Phasen, die hauptsächlich der Nahrungssuche dienen. Am längsten schlafen Wale und Delfine tagsüber, und von den 24 Stunden eines Tages schlafen sie insgesamt etwa zehn Stunden.

Trance

Wir Menschen können von den Walen und Delfinen lernen, unser Gehirn und seine beiden Seiten – Ratio und Intuition – bewusster und effizienter zu nutzen und als das hoch entwickelte Werkzeug einzusetzen, das es ist. In Trance, in einem halbwachen, entspannten Zustand können wir unsere rechte und linke Gehirnhälfte miteinander verbinden – unsere denkende und unsere fühlende Seite kommen in Balance.

Das ist besonders heilsam bei Depressionen – der am weitverbreitetsten menschlichen Volkskrankheit –, die oft durch eine zu starke Trennung der Gehirnseiten, der Trennung von Verstand und Gefühl, in uns Menschen hervorgerufen wird.[7]

---

7 Mehr Informationen dazu findest du unter: http://www.spiegel.de/wissenschaft/natur/delfine-bleiben-im-halbschlaf-wachsam-a-861894.html (Stand 01.09.2014).

Wenn Delfine und Wale schlafen, befinden sie sich in einem dauerhaften tranceähnlichen Bewusstseinszustand. In diesem Zustand fühlen sie – genauso wie wir –, was wahr und universell ist, sie spüren das All-eins-sein und die Verbundenheit mit allem. Die hohe Geschwindigkeit ihrer Atmung vor dem Abtauchen sowie das Hinunterschwimmen in das tiefe Wasser haben beim Träumen zusätzlich einen bewusstseinserweiternden Effekt. Die materielle Welt verschwindet für sie im weißen Licht, das sich über die dreidimensionale Existenz hinaus erstreckt.

Delfine und Wale leben mit ihrem hochentwickelten Echolot sowohl in der physischen Welt, als auch in den Reichen der Energie, in einer multidimensionalen und holografischen Realität, wo Vergangenheit, Gegenwart und Zukunft gleichzeitig existieren und jede Struktur von Materie und Energie möglich ist. Sie wissen, wie man zwischen den Bereichen wechselt, betreten dabei viele Dimensionen und erleben die Welt und das Universum, das Meer und die Sterne jenseits linearer Raumzeit.

Wenn du träumst, wenn du tief entspannt bist, ist auch dir das möglich. In dir gibt es einen Ozean aus reinem, vibrierenden Bewusstsein – die Quelle von allem, was ist, versehen mit allen Informationen, die du brauchst, um lebendig und glücklich zu sein. Im Trance-Zustand gehen die Gehirnwellen von einem wachen Beta- in einen ruhigeren Alpha- bis in einen tiefenentspannten Thetazustand über – sie sinken von 30 auf vier Hertz. Man ist wach, aber sehr entspannt, auf einer anderen Frequenz.

Viele Wissenschaftler und Künstler behaupten, dass ihnen die besten Ideen in diesem Zustand gekommen seien: Sie kamen nicht aus dem Verstand, nicht wachend, nicht schlafend – sondern in einem Augenblick tiefster Entspanntheit und Trance, in einem Thetazustand. Es ist der Zustand, in dem wir auf den natürlichen Energiefluss eingestellt sind, der durch alles fließt und Antworten direkt aus dem Universum liefert.

Wal-Traum

Ich bin eine Träumerin. Seit meiner Kindheit sind Träume meine stärkste Medizin. Nicht nur meine nächtlichen, sondern auch meine Tagträume leiten mich. Sie sind meine wichtigsten Helfer und Wegbegleiter. Träume unterstützen mich dabei, Glück, Gesundheit, Liebe, Freude und Sinnhaftigkeit in meine Realität zu weben.

Meine gesamte Realität ist »geträumt«: Alle meine Ideen und Seminare, die Wale und Delfine, das Leben – ja sogar dieses Buch sind durch meine Träume zu mir gekommen. Was ich in meinen Träumen erlebe ist meist so real wie das, was ich im Wachsein erlebe, und was ich träume, ereignet sich später tatsächlich.

Dass meine Träume real und nicht einfach nur eingebildetes Wunschdenken sind, erlebe ich auf Bali. Ich verbringe drei Monate in einem wunderschönen spirituellen Center an der Nordküste. In dieser Zeit arbeite ich für die Gäste als Yogalehrerin und gebe ein Seminar mit den wilden Delfinen. Sie sind der eigentliche Grund, weshalb ich hergereist bin – ich möchte längere Zeit mit ihnen auf Bali verbringen.

Allerdings ist mir schon nach kurzer Zeit klar, dass die Delfine auf Bali eher scheu sind. Der Grund dafür ist, dass sie immer noch von einheimischen Fischern gejagt, zum Teil auch getötet werden, weil diese glauben, sie würden ihnen die Fische wegfressen. Und so sind die Begegnungen mit den liebevollen Meeressäugern auf Bali für mich keine leichten – selbst das Schwimmen mit ihnen, wie ich es stundenlang von den Delfinen auf Hawaii kenne, ist so nicht möglich.

Dann geschieht eine Reihe interessanter Ereignisse. Eines Tages sitze ich am Strand und blicke aufs Meer, meditativ und entspannt. Plötzlich sehe ich am Horizont einen Wasserstrahl direkt in die Höhe schießen.

Mein erster Gedanke dazu – da ich zum einen einige Boote sehe, zum anderen nicht weiß, dass die Großwale im Winter auch in balinesische Gewässer schwimmen, um ihre Jungen zur Welt zu bringe – ist: »Das muss wohl eine Wasserübung eines Marine-Bootes sein.« Ich stehe komplett auf der Leitung, wie man so schön sagt. Der Wal gibt mir vor meiner Nase direkt ein Zeichen – und ich erkenne es nicht!

Ein paar Tage später beginnt mein Delfinseminar. Davor träume ich ganz intensiv von einem Buckelwal. Er kommt und begrüßt mich innig, geht mit mir in der Tiefe schwimmen. Es ist ein sogenannter Begegnungstraum, der sehr real und nur gelegentlich vorkommt. Dabei sind Teile der Seele wirklich in der energetischen Traum-Astral-Welt unterwegs. Ich erwache sehr erstaunt. Warum träume ich hier auf Bali von einem Buckelwal? »Es gibt hier gar keine Wale«, denke ich.

Dann starten wir morgens auf kleinen Fischerbooten zu den Delfinen. Wir fahren etwa eine halbe Stunde bis mein Fahrer – ein junger
Fischer – aufgeregt mit den Führern anderer Boote spricht, die wir
unterwegs treffen.

Ich frage ihn, was los sei, ob sie Delfine gesehen hätten. Er
spricht kaum Englisch und ich kann kein Balinesisch. Er wackelt
mit dem Kopf: »Nein, keine Delfine.« Aber seine Hände und Augen
reißt er weit auseinander und deutet dann mit dem Finger Richtung
Horizont.

Intuitiv habe ich das Gefühl, dass dort etwas Gutes ist, und bitte
ihn, dorthin zu fahren. Er schaut mich nervös an, tut aber, worum
ich ihn ersuche.

Wir fahren etwa zehn Minuten, dann hält er plötzlich an. Ich frage
ihn erneut, was los sei. Wieder deutet er mit der Hand nach vorne.
Ich erkenne nichts und weiß auch nicht, wonach wir suchen oder
was er gesehen hat. Ich deute ihm mit meiner Hand an, dass er wei-
terfahren soll. Er sieht mich sehr unruhig an. Ich frage mich, wovor
er so Angst hat.

Und plötzlich sehe ich es – den Rücken eines Buckelwales! Ich bin fassungslos. Ich hatte keine Ahnung, dass es sie auf Bali gibt! Ich sage meiner Gruppe, das dies eindeutig ein Buckelwal ist.

Der Bootsfahrer wendet, um zurückzufahren. Ich sage: »Stopp«. Er sieht mich mit furchterfüllten Augen an. Dann wird mir klar: Er hat Angst vor dem riesigen Meeressäuger, vor seiner Größe!

Ich deute ihm – indem ich mit meinen Händen sanft über meine Arme streiche –, dass der Buckelwal nicht gefährlich ist. Auch die anderen in der Gruppe helfen mir dabei, dies dem Fischer zu verdeutlichen.

Schließlich glaubt er uns – und fährt nach meiner Anweisung wieder ein Stück in die Richtung, wo wir den Wal zuletzt gesehen haben. Er macht den Bootsmotor aus. Wir warten. Mit der Gruppe singe ich ein sanftes Lied, ich kommuniziere dabei telepathisch mit dem Weisen des Ozeans. Sofort bin ich mit dem Buckelwal in Verbindung – und erfahre, wozu er gekommen ist: Heilung. Ich erhalte blitzschnell die Bilder, was ich tun soll.

In dem Moment taucht der gigantische Wal direkt neben unserem kleinen und einfachen Holz- und Bambusboot auf. Der Fischer schreit erschrocken auf und fällt fast um. Ich nehme ihn an die Hand und rede sachte auf ihn ein.

Das Boot ist sehr flach und fragil; problemlos könnte uns der Riese umstoßen – was er natürlich nicht macht. Er liegt einfach ruhig an der Wasseroberfläche, wissend um die Angst des Fischers. Einmal streckt er den Kopf hoch und schaut uns an.

An die fünf Minuten bleibt er so bei uns, still und sanft. Ab und zu atmet er tief ein und aus. Wir genießen es, sein Schnaufen zu hören.

Es ist wunderschön und zutiefst beeindruckend, die Nähe des großen Buckelwals und die Heilung, die soeben geschieht, zu erleben.

Als wir am Nachmittag zurück an Land kommen, rufe ich sofort nach einem Übersetzer. Ein Mitarbeiter des Zentrums kommt. Alle aus meiner Gruppe sind dabei, auch einige andere Fischer kommen aus Neugierde an den Strand. Jeder spürt, dass hier etwas Wichtiges geschieht.

Ich erkläre unserem jungen Bootsfahrer und den anderen Fischern, dass der Buckelwal hier keine Fische isst, sondern seine Jungen zur Welt bringt. Dass er an den Polaren im Winter Krill frisst und absolut sanft ist. Ich erzähle ihnen zudem, dass die Delfine und Wale Säugetiere und so intelligent wie Menschen sind. Dass sie wie wir Babys kriegen und dass sie unsere Freunde sind.

Die Fischer sagen uns, dass sie das nicht wussten, schließlich können sie nicht lesen. Dann erkläre ich ihnen, dass sie auch die Delfine nicht verjagen und töten sollen. Die Fischer schauen mich

skeptisch an. Ich mache ihnen eindringlich klar, dass sie wesentlich mehr Geld damit verdienen könnten, Touristen wie uns zu den lebenden Meeressäugern zu fahren als die Tiere zu töten. Es herrscht betretenes Schweigen.

Deshalb hatte sich mir der Buckelwal überdeutlich gezeigt – zuerst mit seiner Blasfontäne, die ich aber als Wasserübung der Marine gedeutet hatte, dann in meinem Traum – und schließlich in unserer Gruppe. Ich sollte die Fischer aufklären. Mittlerweile werden in der Gegend die Delfine tatsächlich nicht mehr getötet.

Während ich diese Zeilen schreibe, denke ich an den Traum meiner letzten Nacht: Magische Belugawale haben mich besucht, ich habe einen starken Informations-Download von ihnen bekommen. Und heute, genau jetzt, schreibe ich das Kapitel über Wale und Delfine, über das Träumen und die Belugawale. Es ist einfach traumhaft, so geführt zu werden von unseren ozeanischen Engelsboten.

Weißwal – Belugawal: Träumen

*Ich gebe mir Zeit, zu träumen.
Damit verbinde ich mich mit
der Quelle von allem, was ist.*

Gib dir Zeit, zu träumen. Schlafe nicht einfach nur, um auszuruhen, sondern erlaube dir, halbwach vor dich hin zu träumen. In keinem anderen Zustand kannst du dich besser mit der Matrix verbinden. Du spürst die Quelle und erkennst deine einzigartige Lebensaufgabe, deinen Daseinszweck.

Verbinde dich in deinen Träumen mit dem Belugawal. Über eure gemeinsamen Träume kannst du viel von den Walen und Delfinen lernen. Er zeigt dir, wie du dich mit der Matrix, der Energie hinter allem, verbinden kannst.

In der Traumzeit kannst du dich mit dem großen Mysterium verbinden. Es ist klug, sie ernst zu nehmen, die Botschaft und die Heilkraft darin zu erkennen. Ganz gleich, ob du wach bist oder schläfst – Träume sind Botschaften der Seele. Lies die Post, die du nachts bekommst. Du wirst in deinen Träumen viele Antworten finden. Beherzige auch deine Tagträume.

Träume dein Leben. Lasse deine Träume in deinem Leben zur Realität werden.

Info: Weißwal – Belugawal

Die Gesamtlänge der Wale liegt zwischen drei und maximal sechs Metern bei einem Gewicht von 400 bis maximal 1000 Kilogramm. Der Weißwal lebt in arktischen und subarktischen Gewässern. Er kann mit seinem Rücken eine dünne Eisdecke durchstoßen. Seine weiße Farbe dient seinem Schutz, da er an Löchern in der Eisdecke auftauchen muss, um zu atmen. Die helle Farbe wirkt dabei als Camouflage und schützt ihn gegen Eisbärattacken.
Der Begriff »Beluga« leitet sich von dem russischen Wort »belukha« ab.

Weißwale singen sehr gern und gelten als die Kanarienvögel des Meeres. Sie können die unterschiedlichsten Laute erzeugen: Sie klicken, klatschen, muhen, zwitschern, pfeifen und klappern. Auch außerhalb des Wassers sind ihre Geräusche gut hörbar.

Im Gegensatz zu vielen anderen Meeressäugern kann der Belugawal sowohl vorwärts als auch rückwärts schwimmen. Dabei ist er sehr langsam. Mit etwa neun Kilometern pro Stunde schwimmt er gemütlich vor sich hin und hat es nicht eilig. Schon ein gemächlicher Fahrradfahrer könnte ihn mühelos überholen. In diesem ruhigen Tempo kann der Beluga gut schlafen und träumen.

Übung: Träumen

Es ist jetzt Zeit für dich, zu träumen. Setze oder lege dich dafür ruhig hin, und schließe deine Augen. Atme tief ein und aus.

Nenne nun deinen Namen, und bitte darum, einem weißen Belugawal zu begegnen. Er wird dich bei deinen Traumreisen begleiten und unterstützen. Vielleicht siehst du ihn nicht, aber du spürst ihn. Frage ihn, ob er dein Begleiter sein kann.

Lasse dich, unterstützt vom weisen Belugwal, in die Tiefe sinken. Falle in den Abgrund, habe keine Angst. Du wirst Wärme, ein Zuhause, Verbundenheit finden. Du sinkst hinab, entspannt, schwebend.

Bitte den Weißwal um sein Geschenk, seine Botschaften aus der Traumzeit für dich. Stelle ihm alle Fragen, die du ihm zu deinen Träumen stellen möchtest. Vielleicht möchtest du ihn ersuchen, dir einen Nachttraum, den du nicht verstehst, verständlich zu machen. Erlebe und beobachte dabei seine Reaktionen und Handlungen.

Frage ihn auch, ob du für ihn etwas tun kannst, ob er etwas von dir braucht. Genieße eure Begegnung, und bedanke dich schließlich bei deinem ozeanischen Begleiter.

Komme wieder zurück, und öffne langsam deine Augen.

Delfin- und Walschutz

Delfine geben uns so viel, indem sie uns Freude bringen und wir von ihnen lernen können.. Deswegen ist es wichtig, sie mit Wertschätzung zu behandeln, und ihnen so ein Stück zurückzugeben. Besuche daher bitte die Delfine nur in der Natur, wo sie frei sind. Delfinarien und Filme wie *Flipper* verbreiten falsche Informationen über das Wesen der Meeressäuger und machen Menschen unsensibel für die Umwelt. Das lächelnde Gesicht der Delfine erweckt fälschlich den Eindruck, dass sie in Gefangenschaft glücklich wären – dabei ist dies bloß ihre natürliche Schnauzenform.

Menschen gehen nicht aus böser Absicht in Delfinarien, sondern weil sie nicht informiert sind. Oft wird ihnen dort vorgegaukelt, dass die Meeressäuger »artgerecht« gehalten werden würden – aber eine artgerechte *Haltung* von Delfinen gibt es nicht. Deshalb ist es umso wichtiger, die folgenden Informationen zu verbreiten.

Gefängnis Delfinarium

Eine artgerechte Haltung bedeutet, dass die grundlegenden natürlichen Verhaltensweisen ausgelebt werden können. Aber Delfinarien mit Becken, für die nur eine Länge von neun Metern und eine Tiefe von 1,80 Meter vorgeschrieben sind, können diese wohl kaum leisten: Delfine sind daran gewöhnt, im Meer täglich bis zu 100 Kilometer weit zu schwimmen und bis zu 600 Meter tief zu tauchen, frei und wild zu leben.

In einen kleinen Pool gesperrt zu sein, ist für Delfine schrecklich. Es ist für sie ein Albtraum aus Beton und verringert ihre Lebenserwartung – normalerweise um die 40 bis 60 Jahre je nach Art – um über die Hälfte. Nur 50 Prozent überleben den Schock des Gefangenwerdens, die anderen sterben innerhalb von 90 Tagen. Und die Hälfte der Delfine in Gefangenschaft geht durchschnittlich innerhalb von zwei Jahren, der Rest nach etwa fünf Jahren zugrunde. Die sensiblen Meeressäuger verenden an Geschwüren, Krankheiten, Chemikalien oder erblinden. Aggressive, chemische Desinfektionsmittel setzen ihrer Haut zu. Dazu kommt, dass die Beton-Mauern die hohen Frequenzen ihres Echolots auf sie zurückwerfen, wovon sie regelrecht verrückt werden.

In einem Delfinarium zu leben, ist erniedrigend. Es ist genauso, als würde man einen Bären angekettet in einem Käfig Kunststückchen mit einem Ball vorführen lassen. Die Delfinarien enthalten den Tieren Essen vor, um sie abzurichten und zu trainieren. Auch werden zu diesem Zweck Psychopharmaka und Antidepressiva eingesetzt. Die wunderschönen Meeressäuger werden mit toten Fischen, die mit Wasser gefüllt sind, gefüttert, denn sie trinken nicht und nehmen Flüssigkeit ausschließlich über die Nahrung zu sich. Das Poolwasser kann dafür nicht verwendet werden: Es ist von Chemikalien durchsetzt.

Das Geschäft mit den Delfinarien ist eine Milliarden-Dollar-Industrie. Deswegen liegt der Marktwert für einen in der Wildnis gefangenen, lebenden Delfin bei bis zu 150 000 Euro. Tausende Besucher kommen täglich in die Delfinarien und bezahlen einen hohen Eintrittspreis – denn jeder möchte einmal im Leben einen Delfin sehen. Außerdem streicheln die Besucher die Delfine und lassen sich mit ihnen fotografieren. Für die Fotos bezahlen sie nochmals extra, T-Shirts werden gekauft, Postkarten, und, und, und …

Die sensitiven Meeressäuger mögen es nicht, von Menschen betatscht zu werden, die sie nicht kennen. Wir Menschen mögen es ja auch nicht, von Leuten angefasst zu werden, die wir noch nie zuvor gesehen haben. Zudem haben Delfine eine dünne Schutzschicht aus Bakterien auf ihrer Haut, die sie vor Krankheiten schützt. Wenn sie von Menschen berührt werden, wird dieser Abwehrfilm zerstört, und sie erkranken daran, da sie unsere menschlichen Bakterien und Krankheitskeime nicht gewohnt sind. Die Vorstellung, dass die Delfine das alles nur über sich ergehen lassen, weil sie unter Psychopharmaka gesetzt sind, ist einfach nur schrecklich.

Ich selbst habe einmal ein Delfinarium besucht, weil ich es mit eigenen Augen sehen wollte. Die Blicke der Meeressäuger waren stumpf und kein Vergleich mit denen in freier Natur. Es war kein direkter Draht zu ihnen möglich, kein erkennbarer Blickkontakt.

Während wir zu sechst neben einem Delfin im hüfthohen Wasser standen, musste dieser gegen einen anderen ausgewechselt werden, weil er offensichtlich überfordert war. Er riss den Mund auf und schlug mit der Schwanzflosse auf das Wasser – bei Delfinen beides ein Zeichen von Ärger.

Richard O'Barry, der ehemalige Trainer der *Flipper*-Delfine – denn es waren in Wirklichkeit fünf, die bei den Dreharbeiten ständig ausgewechselt wurden – ist heute wohl der international bekannteste Gegner von Meeressäugern in Gefangenschaft. In seinem Buch *Behind the Dolphin Smile* beschreibt er berührend und ausführlich seinen Bewusstseinswandel.

In den 1960er-Jahren dachte er als junger Mensch unbewusst, Tiere wären »wie Spielzeuge« für Menschen, und es würde ihnen »eh Spaß machen«. Doch er wurde »wachgerüttelt«, als ihn einmal ein gefangener Delfin in einem Becken so heftig anschwamm, dass er »als Nächstes im Krankenhaus mit einer Gehirnerschütterung wach wurde.« Ein weiteres einschneidendes Erlebnis für ihn war der Tag, als das Weibchen Cathy (eines der *Flipper*-Darsteller) »Selbstmord« beging und in seinen Armen starb. Es war in der Gefangenschaft depressiv geworden. (Jedes Tier hatte O'Barry damals selbst gefangen.) Die hoch entwickelten Meeressäuger können sich bewusst selbst töten, indem sie ihr Atemloch einfach schließlich. Er bemerkte zudem, dass Delfine sich ihrer Existenz bewusst sind, sich auf Fernsehaufnahmen und im Spiegel erkennen und sich von anderen Artgenossen unterscheiden können. Allmählich wurde ihm klar, dass er es mit hochintelligenten, sensiblen Lebewesen zu tun hatte, die seinen Schutz brauchten. Seit 1970 kämpft er gegen Delfinarien und für den Schutz der Tiere.

Abgeschlachtete Delfine

Weltweite Aufmerksamkeit erlangte Ric O'Barry mit seinem Film *Die Bucht*, für den er zusammen mit dem Regisseur Louie Psihoyos den Oscar in der Kategorie »Bester Dokumentarfilm« erhielt.

Die beiden Filmemacher dokumentieren, wie im japanischen Küstenort Taiji regelmäßig Delfine in eine nicht einsehbare Bucht getrieben werden, die von der Außenwelt durch Zäune, Stacheldraht und Sicherheitspersonal abgeschottet ist. Die schönsten Tiere werden separiert und anschließend an Delfinarien auf der ganzen Welt verkauft. Taiji ist dadurch der weltweit größte Verkäufer von Delfinen an Meeresparks und Delfinarien. Die restlichen Tiere werden abgeschlachtet. Nach Angaben der Filmemacher werden insgesamt jedes Jahr rund 23 000 Delfine getötet.

Die Fischer in Taiji behaupten, die Delfinjagd und der Verzehr ihres Fleisches weise eine lange Tradition auf. Doch O'Barry kontert damit, dass die Treibjagd auf die schallempfindlichen Tiere durch Lärm erst aufgrund neuerer wissenschaftlicher Erkenntnisse begonnen habe und keine Überlieferung haben könne. Zudem esse die Mehrheit in Japan weder Delfinfleisch noch habe man je davon gehört, dass die Meeressäuger in Japan gejagt würden. Ihr Fleisch zu essen ist ein pervertierter Ausdruck des Wohlstandes der Superreichen.

Obwohl alle Delfine und Wale unter das Washingtoner Artenschutz-Übereinkommen fallen und geschützt sein sollten, umgehen dies viele Länder durch die Unterstützung geldkräftiger Lobbys. Dies wird dadurch möglich, dass es zwei Kategorien von bedrohten Tierarten gibt: Kategorie I erlaubt keine kommerzielle Nutzung der Tiere – während Kategorie II dies erlaubt, solang sie am Leben gehalten werden. Die meisten Delfine und Wale fallen unter Kategorie II. Das Verbot des Tötens von Delfinen und Walen der Kategorie II umgehen manche Länder durch Berufung auf ihren autonomen Status und ihre kulturelle Eigenständigkeit (Färöer-Inseln Dänemarks und Island) oder durch die Notwendigkeit wissenschaftlicher Forschung (Japan) (siehe dazu das Kapitel »Wale in Not«).

Während die alljährlichen Massaker in Japan und auf den Färöer-Inseln sicherlich nicht auf die Notwendigkeit der Nahrungsbeschaffung zurückzuführen sind, sieht das in den armen Küstenregionen Südamerikas, Afrikas, Asiens und Australiens anders aus. In zunehmendem Maße wird das Fleisch von Delfinen und anderen Meeressäugern, wie den bedrohten Seekühen, als Nahrung genutzt.

Laut einer Studie aus dem Jahr 2011 stellten die amerikanischen Wissenschaftler Randy Reeves und Martin Robards fest, dass »die Jagd auf Meeressäuger weiter verbreitet ist, als wir glaubten«. Hauptgrund dafür, dass viele Menschen auf vormals tabuisierte Nahrung ausweichen, ist die massive Überfischung der Meeresbestände, vornehmlich durch die Fangflotten der Industrienationen. Die Netze kleinerer und lokaler Fischereien bleiben immer öfter leer, für die Bevölkerung der betroffenen Küstenregionen bricht eine wichtige Proteinquelle weg. So soll auf Madagaskar das vormals kulturell nicht gegessene Delfinfleisch mittlerweile so beliebt sein, dass die Meeressäuger nicht mehr nur als Beifang auf den Tisch kommen, sondern eigens gejagt werden.

Andere Zentren der »Delfinküche« in der dritten Welt sind, laut Robards und Reeves, Peru, Venezuela, der Golf von Guinea, Sri Lanka sowie die Solomon-Inseln.

Info: Australischer Stupsfinnendelfin

Die Körperlänge dieses Delfins liegt bei 2,30 Meter, sehr große Exemplare werden bis zu 2,75 Meter lang. Ihr Gewicht kann 150 Kilogramm erreichen. Der entzückende und verspielte Stupsfinnendelfin ist mit dem asiatischen Irawadi verwandt und lebt in Gewässern vor Nordaustralien und Papua-Neuguinea.

Er ist besonders bedroht, weil er in küstennahen, seichten Gewässern lebt. Hier ist er sehr anfällig für eine Gefährdung durch den Menschen, für das versehentliche Einfangen in Netzen oder für die Meeresverschmutzung.

Heute können nur noch 200 Exemplare nachgewiesen werden.

Tödliche Netze und Sonare

Die größte Bedrohung besteht für die spielerischen Meeressäuger darin, als Beifang in den gigantischen Netzen der Industrie-Fischerei umzukommen. So werden pro Tag 1000 und pro Jahr 300000 Delfine – besonders in der dritten Welt – getötet.

Die Lärmverschmutzung der Umwelt durch die Hochfrequenz-Sonare des Militärs, der U-Boote und der Öl-Bohr-Industrie sind der Grund für die Massenstrandungen von Delfinen und Walen. Der zunehmende Lärm erzeugt für die hochempfindlichen Meeressäuger so etwas wie einen akustischen Nebel. Er überlagert ihre Laute, wodurch sie sich nicht mehr an ihrem Schall orientieren und sich so kein genaues akustisches Bild ihrer Umgebung mehr machen können. Ein Pulseblast der Industrie- und Militärschiffe kann bis zu 250 Dezibel laut sein – eine Billion Mal so laut wie der Start einer 747. Das Gehirn und das Gehör der Delfine und Wale explodieren dabei, oder sie werden extrem desorientiert. Vergleichbar wäre dies mit einem Menschen, der direkt neben der Space Shuttle beim Start steht. Deswegen fließt vielen toten Walen und Delfinen bei den Strandungen das Blut aus Augen, Ohren und Nasen.

Zudem sterben viele Delfine und Wale an Umweltgiften und Schwermetallen oder bei Zusammenstößen mit Schnellbooten.

Kriegsdelfine

Man stelle sich dieses surreale und entsetzliche Szenario vor: Die mit speziellen Nasenwaffen ausgerüsteten und hochintelligenten Meeressäuger spüren feindliche Taucher auf und töten sie – so geschehen in der Bucht von Cam Ranh im Vietnamkrieg sowie im ersten Golf-Krieg. Seit 1959 trainiert die US-Navy wild gefangene Große Tümmler für militärische Zwecke. Ebenso verwenden andere große Militärnationen der Welt Kriegsdelfine.

Auch Richard O'Barry berichtet in seinem Buch *Behind the Dolphin Smile*, wie Mitarbeiter der C.I.A. und der U.S. Navy versucht haben, ihn zu diesen Zwecken als Trainer anzuheuern – was er allerdings ablehnte.

Während die Amerikaner zu Hochzeiten bis zu 140 Große Tümmler abgerichtet haben, brachte es die UdSSR zuletzt auf über 120 Kampfdelfine in ihrem Ausbildungszentrum in Sewastopol. In den Jahren nach dem Zusammenbruch des Riesenreiches 1991 gingen sie dann in den Besitz der Ukraine über und wurden größtenteils verkauft, etwa an Delfin-Therapiezentren in der Türkei.

Ende 2012 kündigte die U.S. Navy an, auf die Meeressäuger als Helfer bei militärischen Einsätzen verzichten zu wollen. Bis 2017 sollen die etwa 80 in San Diego stationierten Kampfdelfine des jährlich rund 28 Millionen Dollar verschlingenden »US Marine Mammal Program« andere Aufgaben erhalten und durch Unterwasser-Roboter und Unterwasser-Drohnen ersetzt werden.

Die Entscheidung des US-Militärs basiert jedoch nicht auf ethischen Überlegungen, sondern auf ökonomischen: Roboter sind billiger, brauchen keine langjährige Ausbildung und können in beliebiger Stückzahl eingesetzt werden – auch wenn die sensorischen Fähigkeiten der Delfine den Unterwasser-Drohnen weiterhin überlegen sind.

Wofür die USA und andere Nationen nach wie vor Millionen an Steuergeldern ausgeben, ist die Erforschung des Echoortungskommunikationssystems von Delfinen und Walen. Sie wissen, wie fortschrittlich es ist und dass es sich um Raumzeitaltertechnologie handelt. Deswegen versuchen sie, die Delfine und Wale für Militärzwecke zu kopieren. Es ist wirklich absurd, wofür Steuergelder ausgegeben werden.

Wale in Not

Jede vierte Wal- und Delfinart ist vom Aussterben bedroht. Einige Populationen erholen sich, andere nicht. Der westpazifische Grauwal ist die am stärksten gefährdete Walspezies der Welt. Mit einer Population von knapp über 100 Exemplaren steht sie am Rand der Ausrottung. Zumindest sein naher Verwandter, der ostpazifische Grauwal, hat inzwischen seine ursprüngliche Anzahl wieder erreicht.

Den Wahnsinn der Walausrottung im Zuge der Industrialisierung verdeutlicht am besten die Geschichte der Jagd auf den Blauwal– unseres größten Säugetieres auf Erden. Den meisten anderen Walarten erging und ergeht es aber ähnlich.

Für die Blauwal-Jagd entstand in der Antarktis 1904 die erste Landstation, später kamen Industrieschiffe hinzu, die an der Küste ankerten.

Von 1910 bis 1925, als das erste hochseetüchtige Fabrikschiff mit einer Laderampe am Heck den Dienst aufnahm, wurden sage und schreibe 134 026 Blauwale geschlachtet. Die gigantischen Meeressäuger lieferten über eineinhalb Millionen Tonnen Öl.

Obwohl es kaum zu fassen ist, gingen weitere 26 800 getötete Tiere einfach im Meer verloren. Es blutet einem das Herz, wenn

man sich dieses Szenario bildlich vorstellt: Ein Fänger ließ einen Wal nach dem Abschuss im Wasser treiben, um zuerst weitere Meeressäuger zu töten. Die verendeten Wale sammelte er nachher wieder ein, aber fand viele – damals noch ohne Radar – nicht wieder.

Eine weitere »Rekordernte« findet sich in der Zeit von 1926 bis 1930 mit insgesamt 49 800 getöteten Blauwalen. Den absoluten »Höhepunkt« brachte die Saison 1930/31 mit 29 400 getöteten Exemplaren.

Von 1909 bis 1965 wurden insgesamt 328 177 erlegte Blauwale registriert – wie viele »inoffiziell« starben, kann wohl niemand abschätzen. Das größte Tier, das jemals die Erde bewohnt hat, wurde also innerhalb von nur 60 Jahren fast bis zur völligen Ausrottung von Walfängern gejagt – wegen seines Fleisches und Fettes.

Man schätzt, dass von den ursprünglich über 200 000 Blauwalen heute noch allenfalls 500 auf der Süd- und 3 000 auf der Nordhalbkugel leben. Das ist weniger als ein Prozent seiner ursprünglichen Anzahl. Bedenkt man die geringe Vermehrungsrate dieser Tiere, deren Weibchen nur alle zwei bis drei Jahre ein Kalb aufziehen, so wird einem klar, dass es sehr lange dauern wird, bis sich die Bestände wieder erholen werden – wenn überhaupt.

Die Quote des Walfangs wird seit 1948 durch das Internationale Übereinkommen zur Regelung des Walfanges und die Internationale Walfangkommission IWC (International Whaling Commission) geregelt. 1986 wurden die Quoten für die kommerzielle Waljagd im sogenannten Walfang-Moratorium für alle Arten und Gebiete auf null gesetzt und gelten noch bis heute.

Verschiedene Länder versuchen dieses Moratorium aber immer wieder zu umgehen, etwa Japan, Island und die Faröer-Inseln Dänemarks. So hat Japan bisher ein Schlupfloch genutzt, das den Fang von Walen für wissenschaftliche Zwecke erlaubt – obwohl so keine wichtigen Erkenntnisse gewonnen wurden. 2014 hat der Internationale Gerichtshof in Den Haag endlich entschieden, dass der japanische Walfang rein der finanziellen Vermarktung des kostbaren Walfleisches dient. Ihm wurde also von höchster Gerichtsbarkeit ein Riegel vorgeschoben, der jährlich das Leben von mehr als 900 Walen rettet. Japans Premierminister hat sein Landesparlament allerdings darüber in Kenntnis gesetzt, dass er trotz der Entscheidung des Internationalen Gerichtshofes die Bemühungen zur Fortführung des kommerziellen Walfanges vorantreiben will: »Im Rahmen der Forschung strebe ich die Wiederaufnahme des kommerziellen Walfangs an, um auf diese Weise unverzichtbare, wissenschaftliche Daten zum Management der Walbestände sammeln zu können.«[8]

Auch die Buckelwale gehören zu den Abschusstieren Japans. Laut Steve Palumbi, Meeresbiologe an der Hopkins-Meeresstation der Stanford-Universität im US-Bundesstaat Kalifornien, lebten vor Beginn des kommerziellen Walfangs im 19. Jahrhundert etwa eineinhalb Millionen Buckelwale. Gegenwärtig gibt es nur noch 15 000 dieser Spezies.

Heute soll es laut der IWC weltweit nur noch 1,7 Millionen Wale überhaupt noch geben – so viele gab es früher allein von einer Gattung.

8 »The Guardian«, http://www.theguardian.com/environment/2014/jun/09/japan-pm-commerical-whaling-shinzo-abe-antartic-hunt (Stand 01.09.2014).

Ein Riese stirbt

Während meines Studiums mache ich für ein halbes Jahr ein Prakti-
kum in Kalifornien. Als ich einmal am Strand entlang spaziere, sehe
ich eine große Ansammlung von Menschen. Ich gehe näher und
sehe weshalb: Es ist ein riesiger Wal gestrandet! Mein Herz fängt
wie wild an zu klopfen.

Er lebt noch, atmet aber schwer. Ich sehe in eines seiner großen
Augen, das voller Schmerz hilflos blickt – der gigantische Meeres-
säuger ist unfähig, sich zu bewegen. Er ist ein Koloss. Später erfahre
ich, dass es ein Finnwal ist, die zweitgrößte Art auf Erden, die bis zu
25 Meter lang und 70 Tonnen schwer werden.

Als ich anbiete zu helfen, winkt man mir ab: Es ist bereits ein Exper-
tenteam eingetroffen. Die vielen Menschen versuchen bereits, den
Ozeanriesen so gut sie können zu unterstützen.

Ich stehe ein Stück abseits, um nicht im Weg zu sein, und schaue
zu, wie der Gigant langsam stirbt. Es wäre vielleicht emotional leich-
ter für mich, wenn ich auch helfen dürfte, abgelenkt wäre durch Akti-
vität – aber so erwischt mich die volle Wucht der Ohnmacht und des
Schmerzes. Mir rollen die Tränen über die Wangen; ich bin nicht die
einzige, die weint. Vielleicht liegt es daran, mit ansehen zu müssen,
wie ein so großes, schönes und majestätisches Tier der Schöpfung
hilflos am Strand verendet. Es ist so sinnlos.

Ich sehe, wie der Wal unter seinem Gewicht an Land leidet. Im
Wasser trägt ihn der Auftrieb, aber hier am Strand schmerzt ihn bei
jedem Atemzug seine riesige Masse. Mein Herz sticht. Der Finnwal
hat keine Chance. Ein paar Stunden später ist er tot.

Schwertwal – Orca: Integrität

*Ich bin integer in meinen Worten,
Handlungen und Taten.
Ich achte mich und alle Wesen
und setze mich für das Leben ein.*

Der wohl bekannteste Schwertwal ist Keiko. Er wurde 1976 nahe der Küste Irlands geboren und lebte sehr lange in Gefangenschaft. 1993 entdeckte man sein schauspielerisches Talent. Er spielte die Hauptrolle in dem berühmten Film *Free Willy – Ruf der Freiheit*.

Der Dokumentarfilm *Blackfish* führte 2013 das Thema von *Free Willy* fort und enthüllt das Ausmaß und die Folgen der grausamen Haltung der Orcas in den Delfinarien und Vergnügungsparks. Der Film beleuchtet das Leben des Schwerwals Tilikum und wie es dazu kommen konnte, dass er bereits in den Tod dreier Menschen verwickelt war – obwohl in freier Wildbahn noch nie ein Orca einen Menschen getötet hat.

Die Dokumentation ist ein flammender Appell gegen die Haltung von Schwertwalen in Gefangenschaft. Weltweit leben derzeit 54 Orcas in Delfinarien, elf von ihnen in Europa. Die Haltungsbedingungen in den kleinen, kahlen, monotonen Betonbecken sind für die extrem bewegungsfreudigen, schnell schwimmenden, sozialen und intelligenten

Meeressäuger eine reine Qual. Gesteigertes aggressives Verhalten ist in Gefangenschaft keine Seltenheit, da bedarf es oft nur kleiner Auslöser und der Mensch hat gegen einen Schwertwal keine Chance mehr.

Die wahre Geschichte von *Blackfish* ist für uns Menschen eine Warnung, nicht über die natürlichen Grenzen der Natur, von der wir ein Teil sind, hinauszugehen – sonst kann es gefährlich für die Menschheit werden. So heißt es in vielen indigenen Kulturen, dass Mutter Erde, bevor wir Menschen sie durch die Umweltzerstörung töten würden, uns einfach ausspucken würde, z. B. durch Klimakatastrophen oder Ereignisse, die wir uns gar nicht vorstellen können. Die Erde würde weiterleben.

Der Fall von *Blackfish* zeigt aber auch, dass es sehr wohl etwas bringt, sich wenn nötig wie David gegen Goliath zu stellen – denn manchmal braucht es viele kleine Schritte bis eine Lawine ins Rollen kommt. Nur ein Jahr nach dem Film *Blackfish* verabschiedete der US-Kongress einstimmig ein wegweisendes Gesetz zum Schutz von Schwertwalen in Gefangenschaft.

Nachdem es 20 Jahre gedauert hatte, bis die Regularien für die artengeschützten Meeressäuger aktualisiert wurden, kann man sich vorstellen, wie viele Menschen über Jahrzehnte daran beteiligt gewesen sein müssen – es waren wohl Hunderttausende, die gemeinsam mit Unterschriftenaktionen, Spendengeldern, Gesetzesentwürfen, Lobbying, usw. etwas bewegt haben. Nun ist das US-Landwirtschaftsministerium gezwungen, die Bestimmungen zum Schutz von Orcas und anderen Meeressäugern in Gefangenschaft zu überarbeiten. Ein Gesetzentwurf, der dem kalifornischen Parlament derzeit vorliegt, geht sogar noch weiter: Die Haltung von Schwertwalen in Gefangenschaft zu Unterhaltungszwecken soll in Kalifornien gänzlich verboten werden.

Integrität bedeutet, wahrzunehmen, was man selbst oder der andere – ob Mensch, Tier, Baum oder Erde – braucht, um unversehrt zu bleiben, und sich aktiv dafür einzusetzen. Jeder besitzt eine Stimme und Kraft – ob große oder kleine Schritte, alles wirkt sich aus.

Info: Schwertwal – Orca

Schwertwale sind die größte Spezies der Familie der Delfine und werden sechs bis zehn Meter lang und bis zu neun Tonnen schwer. Sie sind ausgezeichnete Schwimmer und erreichen Geschwindigkeiten von 50 Stundenkilometern. Orcas leben in allen Ozeanen, vor allem in den kalten Gebieten der Arktis und der Antarktis.

Sie zählen in der Nahrungskette zur Gesundheitspolizei der Meere. Neben allen möglichen Fischen fressen sie auch erkrankte und schwache Delfine und Wale, aber auch Robben und Vögel. »Orca« bedeutet auf Lateinisch so viel wie »aus dem Reich des Toten«.

Sie sind Jäger und verfügen als Zahnwale über ein furchteinflößendes Gebiss, das aus vierzig kräftigen, dicht stehenden Zähnen besteht. Gegenüber Menschen verhält sich der Schwertwal in freier Wildbahn aber neugierig und zugänglich. Wir gehören nicht zu seiner Nahrung.

Positive Nachrichten

Es gibt aber auch gute Nachrichten, denn aus vielen kleinen Veränderungen geschieht schließlich ein allumfassendes Umdenken, ein Entwicklungssprung. Hier eine kleine Auswahl davon:

In England und in der Schweiz gibt es keine Delfinarien mehr.

Die USA richten im Pazifischen Ozean die größte geschützte Meereszone der Welt ein: Fischerei und Bohrungen sind jeweils in einem Radius von 200 Seemeilen rund um sieben kleine Inseln, Atolle und Riffe zwischen Hawaii und Amerikanisch-Samoa streng verboten.

Die Parlamente Uruguays und Perus haben Gesetze für einen besseren Schutz von Walen und Delfinen in ihren Küstengewässern verabschiedet.

Es dürfen keine Belugawale mehr in die USA importiert werden – ein wichtiger Beschluss der Wetter- und Ozeanografiebehörde der Vereinigten Staaten und eine schwere Niederlage für die US-Delfinarien.

An der Westküste von Taiwan gibt es das erste Schutzgebiet für die bedrohten Chinesischen Weißen Delfine, die auch Buckeldelfine genannt werden.

Die ersten Schweinswale wurden wieder in der Elbe gesichtet, und mittlerweile kann man sie sogar bis in den Hamburger Hafen hinein gelegentlich beobachten.

Auch in Neuseeland werden wieder mehr Delfine einer gefährdeten Art gesehen, und zwar Exemplare des Hector-Delfins.

Gute Resultate werden auch von den Kanarischen Inseln berichtet. Seit 2004 dürfen Marineschiffe vor den Kanaren unter Wasser keine Schallwellen-Geräte mehr verwenden. Nun berichten Forscher, dass das Sonarverbot Wirkung zeigt, denn seither gibt es dort keine Strandungen der sensiblen Meeressäuger mehr.

Das kannst du tun:

Unterstütze bitte Delfin- und Wal-Organisationen, und gib diese Informationen weiter – an deine Freunde, an deine Familie und an deine Bekannten.

Boykottiere alles, was die Gefangenschaft von Delfinen, Walen und anderen Meeressäugern fördert.

Unterschreibe Petitionen zum Schutz von Delfinen und Walen, starte selbst Unterschriftenaktionen, und schreibe an Staatsführungskräfte.

Wenn du eine einflussreiche Stellung ausübst, tue etwas, um den Delfinen und Walen zu helfen und um sie zu schützen.

Geben wir Menschen acht auf die Delfine – sie sind hoch entwickelte Wesen. Wenn wir die wunderschönen Meeressäuger und ihren Lebensraum schützen, so schützen wir auch uns selbst und die, die nach uns auf diese Erde kommen.

Hector-Delfin:
Verantwortung

Ich bin ein Teil der Ozeane und sorge ebenso gut für das Wasser und seine Bewohner, wie das Wasser für mich.

Betrachte dein Wirken im Sinne der Nachhaltigkeit für das Meer und die Erde: Setzt du deine Schritte achtsam? Wenn es ein Umweltthema gibt, das dich besonders berührt – z. B. der Schutz der Delfine, die Reinigung der Gewässer oder eine Umweltaktion in deiner näheren Umgebung – werde aktiv. Du kannst dabei verantwortungsbewusst für die Erde sorgen, indem du Geld spendest, eine Unterschriftenaktion startest, einen autofreien Tag in deinem Alltag einführst oder auf Plastiksäcke verzichtest. Überlege dir, wie du helfen kannst, damit unser Planet so schön bleibt.

Entzünde das wahre Licht der gesamten Menschheit, hebe deine Seele auf eine neue Ebene, verbreite Funken der Freude. Empfinde bedingungslose Liebe, tiefes Mitgefühl und Verantwortungsbewusstsein für die Erde. Finde Frieden in dir selbst und auf unserem blauen Planeten. Er ist so schön – höre auf das, was dir die Ozeane, die Tiere und die Erde sagen. Schütze, respektiere und ehre unsere kostbare irdische Heimat, die Delfine und Wale, das Wasser – und dich selbst!

Info: Hector-Delfin

Die kleinsten Delfine der Welt sind gleichzeitig auch eine der seltensten Arten: Die Hector-Delfine. Es gibt nur an die 7 500 Exemplare in den Küstengewässern Neuseelands. Sie erreichen je nach Geschlecht eine Körperlänge von 125 bis 150 Zentimeter sowie ein Gewicht von bis zu 60 Kilogramm. Ihr markantes Merkmal ist die fehlende typisch längliche Delfinschnauze. Bei ihnen endet sie stattdessen stumpf. Die gerundete Rückenfinne ist zudem recht klein und leicht nach hinten gerichtet.

Hector-Delfine lieben Geselligkeit und treten mindestens zu zweit auf. Gern bilden sie auch kleinere Gruppen mit bis zu zehn Mitgliedern. Oftmals verbinden sich Kleingruppen zu einer größeren Gruppe, die bis zu 100 Tieren umfassen kann.

Ihr Gemeinschaftsbewusstsein ist so stark, dass sie ihren gestrandeten Artgenossen so weit wie möglich an den Strand folgen, um ihnen zu helfen. Sie sorgen füreinander.

Delfine: Unsere Freunde

Delfin–Medizin

Woher kommt diese Faszination, die Delfine auf Menschen ausstrahlen? Weshalb suchen immer mehr Menschen den Kontakt mit ihnen? Warum möchten sie sie sehen oder gar mit ihnen schwimmen?

*Es ist ihre Freude
und Verspieltheit.*

Sobald die Delfine auf die Menschen zukommen, lachen die Menschen. Ich beobachte es immer wieder. Die Gesichter und Augen kriegen ein kindliches Leuchten, ein Strahlen. Die Seele, das Herz freut sich einfach nur. Die Menschen spielen wieder. Allein an Delfine zu denken, löst Freude, ein Lächeln und Entspannung aus.

Es ist auch ihre Liebe.

Delfine berühren die zarteren und feineren Empfindungen der menschlichen Seele – Berührungen, nach denen so viele heute

Sehnsucht haben. Die einfühlsamen Meeressäuger zu erleben, wie sie miteinander umgehen, sanft und zärtlich, und wie sie in der Gruppe Rücksicht nehmen, ist eine Rückkehr in diesen sensiblen Seinszustand der Liebe und Sensitivität.. Es gibt ständig Körperkontakt mit allen, es sind sanfte Berührungen im Wasser.

Es ist auch ihre Lebendigkeit und Präsenz.

Wenn die Delfine da sind, gibt es kein Gestern und Morgen mehr. Die Aufmerksamkeit ist voll und ganz auf das Erleben im Moment gerichtet. Das Leben leben, jeden Moment genießen, mit allen Sinnen und mit vollem Bewusstsein.

Da-Sein, Präsenz: Das Ziel so vieler spiritueller Praktiken.

Es ist ihre heilende Wirkung.

Viel mehr also als ein Trend, als eine Modewelle ist der Wunsch von immer mehr Menschen, Delfinen zu begegnen. Eine solche Begegnung ist tatsächlich gesundmachend und Medizin. In den schamanischen, den naturheilenden Methoden, in denen ich ausgebildet bin und die ich selbst lehre, kann alles Medizin sein: nicht nur Kräuter, sondern auch eine Wolke, ein Baum, ein Mensch – und Tiere. So, wie es die Medizin des Adlers ist, sich aus den Sümpfen des eigenen Lebens zu erheben und von weit oben mit blitzscharfen Augen ganz klar zu sehen, was tatsächlich unten vor sich geht, so ist die Medizin der Delfine, Freude, Liebe, Lebendigkeit und Im-Moment-Sein zu vermitteln. Die Medizin der Tiere vermittelt den Menschen, diese ihnen innewohnenden Eigenschaften auch in sich zu aktivieren und für ihr Leben zu nutzen.

Wo Liebe ist, wo Lachen und Freude sind, öffnet sich das Herz, und alles Unterdrückte kann hochkommen. Die Gefühle und das Leben kommen wieder in Fluss. Ich erlebe immer wieder, wie Menschen gleichzeitig lachen und weinen, wenn die Delfine kommen. Oder wie sie sich nach einer sehr intensiven Delfinbegegnung erst einmal hinlegen, eine Runde weinen und alten Schmerz hinauslassen müssen. Manche kommen sogar gezielt zu den Delfinen, um Depressionen oder eine andere Krankheiten zu heilen.

Es ist aber auch das Wasser.

Die Heilung geschieht aber auch durch das Wasser. Die Meeressäuger können nur im Wasser leben, in diesem flüssigen Element. Auch wir kommen aus dem Wasser, aus dem Bauch unserer Mutter, wo wir warm und geborgen waren. Deswegen schwimme ich mit den Delfinen am liebsten in den warmen Breitengraden der Welt. Dort ist das Wasser warm, sauber, kristallklar. Man kann oft bis auf den Grund blicken. Schwärme von Fischen ziehen vorüber, Seesterne liegen am Grund. Es ist zutiefst nährend, warm, weich und samtig, in diesem wundervollen Wasser zu baden. Auf dem Rücken liegend, nahezu dahinschwebend, zerfließen die Grenzen. Alles ist warm, tiefe Geborgenheit kehrt zurück.

Es ist ihre Atmung.

Delfine brauchen als Säugetiere Luft, um zu atmen. Ein Grund, weshalb sie so lebendig sind, ist ihre besondere Atmung: Sie nutzen diese zu hundert Prozent, um ihr Blut mit Sauerstoff anzureichern und lange Zeit unter Wasser bleiben zu können. Wir Menschen nutzen unsere Atmung hingegen selten zur Gänze. In

Stresssituationen halten wir die Luft oft sogar an, obwohl wir die Luft hier besonders bräuchten. Delfine erinnern uns daran, genau wie sie, tief durchzuatmen und nicht vor Stress und Angst die Luft anzuhalten.

Wenn ich die Delfine sehe, die in Freiheit leben, kommt es mir vor, als seien sie von strahlendem und hellem Licht umgeben. Das liegt eben auch an ihrer Atmung: Sie führen ihrem Körper dadurch so viel Energie zu, dass diese nach Außen in ihrer Aura strahlt. Deswegen ist das Schwimmen mit ihnen auch wie eine Art Atemtherapie: Wir respirieren dabei genau wie sie. Delfine halten die Luft an, wenn sie untertauchen. Wir machen mit Schnorchel und Tauchermaske ausgerüstet dasselbe. Wenn wir an die Oberfläche zurückkommen, atmen wir die Luft aus dem Schnorchel kräftig aus. Anschließend atmen wir wieder weiter ein und aus. Dadurch lösen sich viele Spannungen in unserem Körper und unserer Seele. Das Gewebe reichert sich mit Sauerstoff an, wir werden wieder kraftvoll.

Es ist ihre emotionale Intelligenz.

Jeder, der bereits Zeit in der Gegenwart von Delfinen verbracht hat, kommt nicht darum herum, zu bemerken, dass sie hochintelligente und gleichzeitig sensitive Lebewesen sind. Wir Menschen fühlen uns den Meeressäugern intellektuell überlegen, dabei erschöpfen wir die natürlichen Ressourcen unserer Erde, verschmutzen die Meere und die Atmosphäre und richten Chaos und Verwüstung auf unserem blauen Planeten an. Im Vergleich dazu leben die Engel der Meere zusammen mit der Natur in einem Zustand der völligen Harmonie. Weder beuten oder plündern sie sie aus noch zerstören sie ihre Umwelt. Dazu kommt, dass sie liebevoll und achtsam miteinander umgehen und Rücksicht aufeinander nehmen – besonders auf ihre Kleinen, Schwachen und Alten. Es gibt sogar Delfine, die bei den Geburten als Hebammen fungieren.

Aggressives Verhalten wurde bei Delfinen und Walen nur in Gefangenschaft beobachtet – und sogar dann nur selten. In freier Wildbahn bilden sich junge, pubertierende Delfine oft in »Banden« etwas abseits der Hauptgruppe, um untereinander ihre natürlichen Kräfte spielerisch zu messen. Wenn sie voll ausgewachsen sind, ebbt dieses Verhalten wieder ab. Generell lässt sich festhalten, dass sich Delfine und Wale weder verletzen noch töten oder fressen. Auch bekriegen sich die unterschiedlichen Schulen und Arten nicht.

Die Faszination, die die Delfine und Wale auf den Menschen ausüben, bezieht sich also auch darauf, was die Meeressäuger aus ihrer höheren Intelligenz gemacht haben – im Gegensatz zu uns Menschen. Und genau das ist die Delfin-Medizin für uns: Frieden, Freude, Liebe und Freundlichkeit.

Die Sehnsucht nach sanften, weichen Menschen und einer sauberen, weicheren und friedlicheren Welt – diese Sehnsucht zieht uns zu den hochintelligenten Meeressäugern. Sie spiegeln uns unser Potenzial und zeigen uns, wo wir uns hinentwickeln können.

Wer sind Delfine wirklich? Es gibt viele Theorien darüber, wer sie sind: Engel der Meere, reinkarnierte Seelen aus dem früheren Atlantis oder Lemuria, die uns bei der Heilung helfen, Wesen vom Stern Sirius. Doch dies ist eigentlich gar nicht wichtig – wichtig ist die Heilung, Liebe, Lebendigkeit und Freude, die mit ihnen im Hier und Jetzt geschieht. Die jeder spürt.

Übung: Lebendig atmen

Schließe deine Augen, atme tief ein und aus, und entspanne dich.

Sieh nun vor deinem inneren Auge einen oder mehrere Delfine. Höre, wie sie tief ein- und ausatmen. Bitte sie nun, dir dabei zu helfen, auch so kraftvoll zu atmen wie sie.

Atme alles aus – atme tief aus, was du nicht brauchst – auch wenn du nicht genau weißt, was das ist. Atme danach tief ein, fülle dich mit der wunderbaren, kostbaren Luft auf.

Atme anschließend noch einmal tief aus und dann wieder tief ein. Lasse Altes los, mache Platz für Neues – atme neue Kraft und neues Leben ein.

Nimm nun dein Herz wahr. Wie fühlt es sich an? Stelle dir vor, wie in deinem Herzen eine kleine Knospe erscheint – von einer Blume, die du magst, und in einer Farbe, die dir gefällt. Erlaube dir nun, dass sich diese Knospe langsam öffnet – in deinem Tempo. Atme dabei tief aus, was du nicht mehr brauchst – negative Gefühle und Erinnerungen, dunkle Flecken. Mit jedem Einatmen öffnet sich die Knospe etwas mehr, und mit jedem Ausatmen lässt du Altes los, damit in deinem Herzen Platz für Neues wird.

Erlebe, wie sich die Knospe immer weiter öffnet und dein Herz von Schönheit, Liebe und Lebendigkeit erfüllt wird. Genieße es, wie sich dein Herz und deine Seele anfühlen, wenn sie ganz geöffnet sind.

Bedanke dich bei den Delfinen für ihre Unterstützung. Atme noch ein paar Mal tief ein und aus, genieße dieses Geschenk der Atmung. Komme anschließend zurück ins Hier und Jetzt, und öffne in deinem Tempo wieder die Augen.

Begegnung mit freien Delfinen

Wenn du den Ruf der Delfine hörst, folge ihm, und besuche sie in ihrem natürlichen Zuhause: dem freien Meer.

Delfine zu finden, ist wie eine Nadel im Heuhaufen zu suchen – so groß und weit sind die Ozeane. In Wirklichkeit finden die neugierigen Meeressäuger nämlich uns, und zwar mit ihrem ausgefeilten Sonar-System. Wenn sie dir nicht begegnen wollen, weil sie sich gerade mit etwas anderem beschäftigen, dann kommen sie auch nicht – sie kommen wirklich nur dann, wenn sie es möchten. Diese Freiwilligkeit macht die Schönheit und Besonderheit der Begegnung aus. Es ist jedes Mal eine Überraschung und anders als beim letzten Mal.

Delfine telepathisch am Meer rufen

Du kannst Delfine telepathisch am Meer rufen. Sie werden dich hören und häufig auch kommen. Du kannst dabei den Wunsch haben, mit ihnen zu schwimmen – aber auch den Wunsch, sie einfach vom Strand oder von einem Boot aus zu erleben, ohne ins Wasser zu gehen.

Stelle dich ihnen vor: Sage ihnen deinen Namen, wo du herkommst und dass du sie um Erlaubnis bittest, sie in ihrem Zuhause, dem Ozean, in ihrem Wohnzimmer besuchen zu dürfen. Wende dich dafür dem Meer zu, schaue es an. Sprich leise oder laut, wie es sich für dich kraftvoller anfühlt. Erkläre ihnen, weshalb du sie sehen möchtest, dass du sie liebst oder sehr magst und dankbar bist über die Möglichkeit, sie kennenzulernen. Sage ihnen, dass du dich sehr auf sie freust! Öffne dich für die Begegnung. Vielleicht wirst du schon während du sie so telepathisch rufst intensive innere Erlebnisse und Bilder haben.

Gib ihnen auch ein Geschenk: Du kannst z. B. von deinem Herzen aus rosafarbene Liebesenergie in deine Hände fließen lassen und diese dann zu den Delfinen und dem Meer pusten. Oder, wenn du den Impuls in dir verspürst, kannst du versprechen, Geld an eine Delfin-Schutz-Organisation zu spenden.

Wenn du noch nie Delfinen begegnet oder mit ihnen geschwommen bist, ist es anfangs sinnvoll, sich von jemand Erfahrenem und Umweltbewusstem dabei führen zu lassen. Von jemand, der sowohl das örtliche Meer sowie die Meeressäuger und ihre Rhythmen kennt und die Begegnung auf eine achtsame und einfühlsame Art betreut.

Genauso begleite auch ich Menschen beim Schwimmen und bei der Begegnung mit Delfinen. Dabei treffen wir oft zusätzlich auf Wale, Meeresschildkröten, Mantarochen, Fische und viele andere Meeresbewohner. Mehr Infos dazu auf meiner Homepage unter: www.lisarainbow.com

Delfinen zu begegnen ist wie eine Sprache zu lernen: Mit der Zeit und der Übung wird dir alles immer klarer. Der Rhythmus ist dabei derselbe, den alles auf Erden hat: die Gezeiten, das Ein- und Ausatmen, das Kommen und Gehen der Jahreszeiten.

Wenn du mit den Delfinen schwimmst, jage ihnen nicht hinterher – sie sind sowieso schneller als du. Und auch wir Menschen ziehen uns zurück, wenn uns jemand hinterherjagt.

Bitte berühre sie auch nicht, wenn sie nahe an dich herankommen, denn dann werden sie flüchten. Wenn sie es wollen, streifen sie dich – das ist aber selten der Fall. Natürlich bist du aufgeregt und hast das Bedürfnis, ihnen nahe zu sein, doch respektiere ihren Raum. Du kannst ein wenig in ihre Richtung schwimmen, doch dann halte an. Wenn du ihnen Raum für ihre freie Entscheidung lässt werden sie zu dir kommen – manchmal nur Millimeter von dir entfernt.

Gehe einfühlsam damit um, wenn die Delfine schlafen. Das kannst du daran erkennen, dass sie tief unter der Oberfläche im Schutz ihrer gemeinsamen Formation schwimmen und nur für kurze Momente an die Oberfläche kommen, um Luft zu holen. Dann tauchen sie gleich wieder in die Tiefe.

Am allerschönsten ist die Begegnung mit Delfinen, wenn sie wach sind, springen und ganz offensichtlich spielen wollen. Dabei in ihre Augen zu schauen heißt, erkannt und innig berührt zu werden – so tief können sie mit ihrem Echolot in uns lesen, uns dabei intelligent »scannen« und in die letzten Winkel unserer Seele blicken. Eine solch echte Begegnung, wirklich gesehen zu werden, ist ein wunderbares Gefühl und ein Geschenk – egal, ob von Menschen oder Delfinen: das Herz öffnet sich, Liebe strömt.

Anhand der Art, wie Delfine schwimmen und tauchen, können wir auch von ihnen lernen. Die akrobatischen Meeressäuger tauchen sehr tief, können aber ganz schnell wieder an die Wasseroberfläche zurückschwimmen. Das zeigt uns, wie man ungesunde Muster in seinem Leben verändern, aus festgefahrenen Mustern ausbrechen und die Perspektive wechseln kann, wenn man feststeckt oder erstarrt ist.

Außerdem führen uns Delfine vor Augen, wie wir gleichzeitig tief in unserer weisen Seele und verspielt an der Oberfläche sein können – beides schließt einander nicht aus: Oberflächlichkeit und Tiefe, Freude und Ernst sind kein Widerspruch, sondern zur gleichen Zeit möglich, sie sind immer da.

Die Sehnsucht, den engelhaften Meeressäugern zu begegnen und mit ihnen zu schwimmen, geht oft mit dem Wunsch einher, einer von ihnen zu sein, selbst zu einem Delfin zu werden und diesen empfindsamen, lebendigen und spielerischen Teil in uns zu erwecken.

Spinnerdelfin:
Lebensfreude

Mein Leben bereitet mir Freude, und ich habe Spaß.

Wenn du an einen Delfin denkst oder einen siehst, dann lächelst du, denn dein Herz freut sich. Die Delfine erinnern uns daran, dass alles ein Spiel ist. Sie sagen uns: »Habe Spaß, genieße das Leben«.

Kannst du dich an deine Zeit als Kind erinnern, als du einfach nur spielen wolltest? Spielen bedeutet nichts anderes, als Spaß zu haben, zu lachen, Freude am Moment zu erleben und lebendig zu sein. Wie Kinder spielen Delfine am allerliebsten. Dabei reiten sie sogar wie die Menschen auf den Wellen und springen umher.

Auch als Erwachsener kannst du spielerisch durchs Leben gehen. Hast du täglich Aktivitäten in deinem Leben, die dir Freude bringen? Triffst du dich mit Freunden, um mit ihnen Spaß zu haben und zu lachen? Je mehr Spiel und Spaß du in dein Leben bringst, desto mehr Spiel und Spaß ziehst du an. Bald kann dein ganzer Tag voller Freude sein – mache es wie die Delfine!

Info: Spinnerdelfin

Spinnerdelfine können 1,30 bis 2,30 Meter lang und zwischen 30 und 80 Kilogramm schwer werden. Sie heißen so, weil sie Sprünge ausführen, bei denen sie sich rasch um ihre eigene Körperachse drehen. Weshalb sie das tun, ist unklar, da es keinen ersichtlichen Grund gibt – außer, dass es Spaß macht. Wissenschaftler vermuten, dass die Delfine damit das Gebiet von weiter oben erspähen wollen. Manchmal versuchen sie aber mit den Sprüngen auch, Saugfische beim Aufklatschen auf das Wasser von ihrem Körper abzuschla-

gen. Man kann zudem regelmäßig beobachten, dass die verspielten Meeressäuger gemeinsam wie um die Wette springen und offensichtlich Freude daran haben. Vielleicht ist es daher auch ein spielerisches Kräftemessen oder ein Werbeverhalten der Geschlechter. Ich selbst erlebe immer wieder, dass die wilden Delfine öfter springen, wenn wir mit mehreren Schwimmern im Wasser bei ihnen sind und ihnen zujubeln – so, als würden sie unsere freudige Aufmerksamkeit genießen.

Übung: Freude

Schließe allmählich deine Augen. Atme ein paar Mal tief ein —
und tief aus.

Als Erstes sieh vor deinem inneren Auge einen Delfin. Betrachte
sein Gesicht. Wie sieht seine Gesichtsform, seine Mundschwingung
aus? Genau, er lächelt! Der Delfin lächelt dich an — und lädt
dich ein, zurückzulächeln. Lächle, auch wenn dir noch nicht danach zumute ist. Dazu ziehst du deine Mundwinkel nach oben —
so einfach geht das!

Lasse nun deine Augen auf deine Herzhöhe sinken, so, als wären dort deine Augen. Jetzt kannst du mit deinen Augen direkt aus deinem Herzen schauen – genauso wie ein Delfin. Schaue mit Delfin-Augen direkt aus deinem Herzen hinaus – und lächle!

Wenn du möchtest, kannst du kurz aufstehen und bei Bedarf auch deine Augen öffnen – und dich einmal nach oben strecken, springen und dich im Kreis drehen. Vergiss nicht – Delfine mögen Spaß und Bewegung. Hüpfe ein wenig herum, lasse deine Arme schwingen, deine Beine wie von allein laufen. Bewege dich jetzt wie ein Delfin, schwimme, spiele, hüpfe. Du bist auch ein Delfin!

Vielleicht möchtest du lachen – ohne Grund – einfach so, weil es sich gut anfühlt. Traue dich nur – es tut dir gut. Die Delfine werden dir jetzt helfen: Die Heiler der Meere unterstützen dich dabei, wieder aus tiefstem Herzen lachen und dich freuen zu können.

Erlebe dich beim Spielen, solang du möchtest.

Öffne schließlich allmählich, vielleicht mit einem Strecken deines Körpers, deine Augen.

Willkommen auf dem wunderschönen Spielplatz des Lebens!

Heilende Töne und Kommunikation

DAT – Dolphin Assisted Therapy

Es gibt mittlerweile eine Vielzahl von Zentren auf der ganzen Welt, in denen mit Delfinen heilend an kranken und gehandikapten Menschen gearbeitet wird, etwa das *Dolphin Research Center* in Florida oder das *Dolphin Reef* in Israel.[9]

Die mitfühlenden Meeressäuger heilen oder helfen bei Autismus und Gelenksproblemen, beim Zusammenwachsen von Knochen und Gewebe, beim Down-Syndrom, Lernschwierigkeiten und bei noch vielen weiteren Erkrankungen. Sie beeinflussen mit ihren Frequenzen die Zellen, die DNS und den Gehirnzustand des Menschen und steigern so die Endorphine – unsere Glückshormone.

9 Falls du dich für ein solches Zentrum interessierst, ist es bei der Auswahl wichtig, sich genau über die Art der Haltung zu informieren. Alles, was du dazu wissen musst, findest du in dem Kapitel »Delfin- und Walschutz« auf Seite 59.

Delfine nutzen ihre natürliche Biotechnologie, um die Menschen sowohl körperlich als auch psychisch-energetisch zu scannen und sie sonogenetisch zu heilen. Mit ihrem hochentwickelten Echoortungskommunikationssystem können sie in Menschen wie mit Röntgenstrahlen hineinsehen.

Ihre Frequenzen haben dabei dieselben Wirkungen wie der medizinische Ultraschall – mit dem Unterschied, dass sie keine Maschinen sind, sondern lebende Wesen und Heiler, die mit ihrer hohen Intelligenz genau wissen, was zu tun ist.

Diese akustischen und elektromagnetischen Wirkungen auf den menschlichen Körper erklären, weshalb so viele Menschen, die den Meeressäugern begegnen, plötzlich ihr Leben verändern oder neue Energie haben, und wie diese ungewöhnlichen Heilungen zustande kommen.

Menschen fühlen sich wohl und glücklich, nachdem sie den Engeln der Meere begegnet sind. Das liegt zum einen daran, dass sie Spaß mit ihnen hatten und so einen Endorphinstoß bekommen haben – und zum anderen ist dies darauf zurückzuführen, dass ihr Gehirnzustand von den Frequenzen der Meeressäuger beeinflusst wurde. Dadurch können Delfine auch Menschen mit Depressionen, eine der am weitesten verbreiteten Krankheiten, in ihrem Heilungsprozess unterstützen.

All das geschieht im Wasser, in ihrem Lebensraum, der in elektrochemischer Hinsicht dem menschlichen Blutserum ähnelt, denn Wasser ist, wie bereits erwähnt, ein hervorragender Leiter für Schwingungen und verstärkt sogar die energetischen Effekte.

Ein medizinisch und wissenschaftlich belegtes Beispiel für solch eine Heilung ist die eines Babys, das an Mikrozephalie litt (Cetacean Studies Institute). Bei dieser Krankheit hört der Schädel auf zu wachsen. Die moderne Medizin konnte bislang keine Heilmethode für dieses Leiden entwickeln.

Die Eltern brachten ihr kran-
kes Baby im Rahmen des
DAT-Programmes zu den Delfinen. Eine Woche lang hiel-
ten sie es zusammen mit dem
Trainer mehrmals täglich für
jeweils circa 20 Minuten in
warmes Wasser, in dem sich
vier heilende Delfinen befanden. Diese scannten das Kind,
erkannten die energetischen
Blockaden – und wussten so,

was zu tun war. Sie richteten ihren Sonar immer an dieselben Stellen des Babys: an den unteren Teil des Schädels, an die Seiten des
Halses und auf die untere Wirbelsäule. Nach einer Woche fing der
Schädel des Babys wieder an zu wachsen und entwickelte sich
danach normal weiter.

Emotionale Reinigung

Manchen Menschen wird schwindelig, wenn sie Delfinen und
Walen nahe kommen. Das liegt daran, dass sie von den Hochfrequenztönen tief durchdrungen werden – sie bringen alles hoch,
was unterdrückt wurde. So reinigen sie uns Menschen von innen.
Wo viel Freude und Liebe ist, kommt nämlich jeder verdrängte
Schatten, jedes Leid und jede Verletzung hoch, um losgelassen
zu werden.

Auch ich weine manchmal, wenn ich mit den Walen und Delfinen schwimme. Es ist aber die Art von Weinen, die sich einfach
nur wunderbar, lebendig und liebend anfühlt – der sogenannte
emotional release, die emotionale Reinigung. Herz und Seele erwachen zum Leben, die Liebe kann wieder fließen.

Schwimmen mit Grindwalen

Ich sehe in der Nähe unseres Bootes Finnen aus dem Wasser ragen – Grindwale. Obwohl viele Menschen sie für Wale halten, sind Grindwale eigentlich sehr große Delfine. weil sie im Gegensatz zu den Bartenwalen Zähne besitzen.

Es ist eine kleine Gruppe, vielleicht ein halbes Dutzend. Ihre Haut ist dunkelgrau. Sie haben schwere, plumpe Körper etwa von der Größe eines Großtransporters. Sie bewegen sich langsam.

Ich hole ein paar kleine Glocken hervor und läute sie nahe an der Wasseroberfläche. Die Meeressäuger scheinen das zu mögen, denn sie kommen sehr nah ans Boot heran.

SunLight On Water

Wenig später sind wir im Wasser und die Grindwale sind direkt neben uns. Ich vertraue diesen sanftmütigen Riesen. Ich liege im Wasser, blicke durch meine Tauchermaske, und atme durch meinen Schnorchel. Ich bewege mich sehr langsam vorwärts. Ein Grindwal schwimmt zu meiner Linken neben mir her, ein anderer begleitet mich zu meiner Rechten. Wenn ich meine Arme ausstrecken würde, könnte ich sie berühren; so nahe kommen sie mir. Sie sind so riesig, aber anstatt ihre Größe zu fürchten, fühle ich mich mit den beiden Engeln der Meere an meiner Seite gepolstert, geschützt und sicher.

Dann taucht direkt unter mir ein dritter Grindwal auf, nur ein paar Fuß weiter unten. Ich spüre, dass es ein Weibchen ist. Sie dreht mir ihren Bauch zu. Ehrfurcht erfüllt mich: Ein engelhafter Meeressäuger zu meiner Linken, einer zu meiner Rechten und einer unter mir, der auf dem Rücken schwimmt – ich bin in tiefster Trance. So schwimmen wir vier eine ganze Weile lang, bilden eine Art Einheit.

Ich spüre Energie von den Grindwalen in mich fließen. Ich fühle, wie sich mein Körper und meine Zellen unermesslich weit öffnen. Sie kommunizieren mit mir, fühlen sich wunderbar an, sehr alt und voller Weisheit. Ich bezeichne diesen Prozess als »Downloaden« – Herunterladen. Er spielt sich ohne Worte ab, doch eine große Menge an Informationen wird in mich hereintransportiert.

Nach einer Weile deuten mir ein paar Gruppenmitglieder an, dass ihnen kalt wird. Wir steigen wieder ins Boot. Ich blicke aufs Wasser hinaus: Die Wale sind immer noch da. Sie bleiben noch etwa eine halbe Stunde bei uns, genau neben unserem Boot. Es ist, als ob sie uns zurufen würden, wir sollen wieder zu ihnen kommen. Ich beobachte die Grindwale, spüre ihre Energie.

Wir singen den Walen unser Lebewohl und danken ihnen. Anschließend verschwinden sie – sie haben unsere Botschaft verstanden.

Einige Minuten, nachdem sie uns verlassen haben, übergibt sich eine Frau auf dem Boot, obwohl die See ruhig ist. Ihr Gesicht ist grünlich. Sie weint. Zuckungen schütteln ihren ganzen Körper. Sie übergibt sich weiter, obwohl sie nichts mehr im Magen hat, doch es ist zu spüren, dass sie immer noch viel Emotionales und Energetisches ausspuckt. Ich weiß, dass diese Frau sich gerade getrennt hat. Sie muss all den Schmerz, die Trauer, die Wut und alle anderen Gefühle, die die Trennung von ihrem Ex-Mann in ihr ausgelöst hat, erbrechen. Sie musste sich entschlacken, von innen reinigen – und schließlich loslassen.

Die Schwingungen, die die Heiler der Meere von sich geben, durchdringen das Gewebe und die Zellen des Menschen bis in die Tiefe und spülen so alles aus ihnen heraus. Sie öffnen und reinigen die Menschen.

Heilsame Begegnung:
DNS-Stimulierung und Channeln

Mit ihren kraftvollen Geräuschen können Delfine auch die genetische Doppelhelix im menschlichen DNS-Code stimulieren. Dort schlummert unser Potenzial; wenn es aktiviert wird, erinnern wir uns an unseren Seelenzweck.

Der größte Teil unserer DNS, etwa 98 Prozent, wird nicht genutzt. Die Wissenschaft nennt diesen *junk-DNA* – Müll-DNS. Erst seit kurzem vermuten Wissenschaftler, dass sich darin weiteres Informationsmaterial für uns Menschen und unsere evolutionäre Entwicklung als Potenzial befindet und nennen es nun *dormant-DNA* – ruhende DNS.

Diese DNS, eine Art Blaupause des Lebens, wird durch Schall und elektromagnetische Felder aktiviert. Solche Felder können von Delfinen und Walen erzeugt werden, die so unsere Gene stärker als jede Chemikalie oder Droge verändern.

Bioakustisch und elektromagnetisch übertragen die hochentwickelten Delfine zudem Informationen, die sie durch die Wassermoleküle auf uns *downloaden* – herunterladen. Sie formen damit die elektromagnetische Matrix der DNS. Ihre hydroelektrischen Strukturen haben in diesem Prozess die Form von Pyramiden, Sechs- und Fünfecken und regeln unsere Heilprozesse.

Genauso, wie manche Menschen können auch Delfine Channel für Reiche in höheren Frequenzen sein. Weil sie extrem hohe Schwingungen wahrnehmen, können sie sich frei in der unsichtbaren Welt bewegen. Sie sind der Matrix sehr nahe, der Quelle, der Energie hinter allem, was ist. So können sie bei ihren Begegnungen mit Menschen Informationen von dort durch die Wassermoleküle auf uns herunterladen. Diese Art von heilsamer Begegnung ist zudem auch auf energetischer und telepathischer Ebene möglich.

Es ist deswegen so wichtig, dass wir die Informationen, die wir beim *download* erhalten, nach den Delfin-Begegnungen in uns integrieren. Dafür ist es gut, sich hinzulegen, sich in einen entspannten Traumzustand zu begeben und die Seele den Rest erledigen zu lassen.

Sowohl der Informationsdownload als auch die Stimulierung der ungenutzten Bereiche unserer DNS, die Kontakt zwischen uns und unserer Lebensaufgabe herstellen, sind ein weiterer Grund dafür, dass sich so viele Menschen zu Delfinen hingezogen fühlen. Sie fühlen, dass ihnen die Engel der Meere bei ihrer Entwicklung helfen und sie so einen neuen Lebenssinn oder neue Vitalität finden können.

Grindwal:
Lebenssinn

*Ich lebe meine Träume und
Visionen — zu meiner Freude und
zum Wohle des großen Ganzen.*

Sei wer du bist – genauso wie die Delfine. Jedes Lebewesen ist einzigartig. Deine Lebensaufgabe muss nicht immer nur ein Beruf sein. Sie kann auch das Spiel, das Lachen, die Liebe oder die Freude sein – wie bei den

Engeln und Heilern der Meere. Die Welt wartet darauf, dass du deine Talente lebst und zeigst.

Genieße dein Sein und das, was du tust. Erlebe den Moment, und schenke Freude. Du musst selbst herausfinden, worin dein Lebenszweck besteht. Vielleicht darin, Menschen zum Lachen zu bringen?

Sei ehrlich mit dir selbst: Was ist dein wahrer Herzenswunsch? Habe keine Angst vor deiner eigenen Begeisterung, denn sie wird dich auf ganz natürliche Weise antreiben, stimulieren und stärken. Für manche ist der Lebenssinn, die Erde zu unterstützen. Für andere Menschen besteht er einfach nur darin, ruhig dazusitzen, sich zu entspannen, sich auszuruhen und ein einfaches Leben zu führen.

Info: Grindwal

Der Grindwal, auch bekannt als Pilotwal, ist eine langsam schwimmende Art der Delfine. In der Regel ziehen die Grindwale mit einer gemächlichen Geschwindigkeit von ungefähr sechs Kilometern pro Stunde durch das Meer, bei Gefahr können sie allerdings bis zu siebenmal schneller werden. Ein ausgewachsenes Männchen wird bis zu sechs Meter lang und 3,5 Tonnen schwer.

Grindwale bilden Schulen von bis zu 100 Tieren und »vergesellschaften« sich gern auch mit anderen Kleinwalen wie den Großen Tümmlern oder Rundkopfdelfinen. Sie mögen einander und verbringen viel Zeit miteinander. Das Sozialgefüge der Schulen ist hoch entwickelt und die Angehörigen der Gruppe folgen immer einem oder einigen wenigen Leittieren – daher der Name Pilotwal.

Jedes Mitglied der Gruppe hat dabei spezielle Fähigkeiten und Begabungen, die es für die Gemeinschaft einbringt, wie etwa die Gruppe zu leiten, bei der Geburt zu helfen oder Nahrung aufzufinden. So freuen sie sich an ihren Besonderheiten, lernen voneinander, wachsen miteinander und teilen ihre Vorlieben.

Übung: Lebenssinn

Setze dich an einen ruhigen Ort, und komme zur Ruhe. Schließe deine Augen, und visualsiere die Weite der Meere. Rufe darin nun die Pilotwale, um dich mit ihrer Medizin des Lebenssinnes zu unterstützen. Bitte sie um ihre Hilfe, wenn du jetzt überprüfst, ob dein Leben deinen wahren Interessen entspricht.

Beschreibe ihnen, wie du deine Zeit verbringst. Beobachte ihre Reaktion, und was sie dir damit zeigen wollen. Möglicherweise wollen sie mit dir in eine andere Richtung schwimmen, um dir andere Möglichkeiten zu zeigen.

Erzähle den freundlichen Pilotwalen auch von deinen anderen Lebensbereichen: von deiner Arbeit, Familie und Freizeit, deinen Freunde und Hobbys. Erlebe erneut ihr Verhalten, und frage nach, wenn du etwas nicht verstehst.

Frage jetzt die weisen Meeressäuger, warum du hier auf Erden bist. Warum in dieser Zeit und in diesem Leben? Was ist der Sinn deines Lebens? Vielleicht besteht dieser sogar darin, dass du etwas für die Delfine und Wale machen kannst.

Was begeistert dich? Was sind deine ganz besonderen und einmaligen Talente und Geschenke, die du geben kannst? Was lässt dich in der Früh voller Freude wachwerden, mit dem Gefühl, genau so soll mein Leben sein?

Sei dabei offen für Überraschungen, wenn das, was sich dir nun zeigt, anders ist als in deinen festgefahrenen Vorstellungen. Wenn du dazu schon eine Ahnung hast oder deine Lebensaufgabe kennst, rede mit den Pilotwalen darüber, wie du sie verfeinern kannst – im Sinne der gesamten Schöpfung und deiner Freude.

Bedanke dich anschließend bei den Walen und beim Leben. Komme zurück, und öffne langsam wieder deine Augen.

Goldene Delfine und Mythologie

Wer sind die Goldenen Delfine? Wir sind es – du und ich. So erzählt es die australische Legende vom *Goldenen Delfin*. Nach der Trennung vom Paradies gab es laut dieser Legende schon zweimal den Versuch, die Menschen auf der Erde wieder mit dem Paradies zu verbinden. Das erste Mal war es in Atlantis, das zweite Mal in Ägypten.

Die Zeit von Atlantis begann auf der geologischen Zeitskala vor etwa 66 Millionen Jahren, als das Klima kühler und feuchter war als heute, und ging vor etwa 10 000 Jahren mit dem Abklingen der letzten Kaltzeit zu Ende. Der Meeresspiegel stieg infolge der raschen Erwärmung sehr schnell, sodass Atlantis schließlich in einer gewaltigen Flutkatastrophe unterging. Der Boden dieses Kontinents bildet heute den Grund des Atlantischen Ozeans.

Die ägyptische Kultur des ersten ägyptischen Reiches stellte in seiner Blütezeit von etwa 3000–700 vor Christus die Verbindung der Menschen mit dem Kosmos und den überirdischen Kräften her – symbolisiert durch Pyramiden und Obelisken. Es ging allerdings unter, als sich die Lokalfürsten vom Pharao unabhängig machten. Der landesweite Austausch mit Nahrungsmitteln funktionierte nun nicht mehr, das Volk geriet in eine Hungersnot und die Kultur ging unter.

Damals wurde das neue Paradies also zwar besamt und erschaffen, jedoch nicht verankert, da die natürlichen Umstände es nicht zuließen oder noch bestimmte Fähigkeiten fehlten – und so verschwand es wieder, es sollte noch nicht sein.

Aber jetzt ist die Zeit dafür – mithilfe der Delfine im Wasser und der Goldenen Delfine in Menschenform an Land. So erzählt die Legende vom *Goldenen Delfin*, dass die amphibischen ›Nommo‹ vor Millionen von Jahren vom Sternensystem Sirius nach Ozeanien kamen – unserem Planeten Erde, fast gänzlich mit Wasser bedeckt. Sie liebten und wertschätzten ihr neues Wasserparadies und wunderten sich, dass dieser Planet von vielen ›Erde‹ genannt wurde.

Aber vom Land kamen Angriffe, die die ›Nommo‹ dem Aussterben nahe brachten. Seitdem haben sie nur ihre Intelligenz und Musik und ihre Kraft des Träumens, um sich gegen diese Bedrohung zu wehren. Ihre Traumzeit ist durch seine Einfachheit so wirksam: Den Himmel auf Erden zu erschaffen, eine neue Welt. Unterstützt werden sie an Land von den Goldenen Delfinen.

Wir sind also die goldenen Delfine, die als Sternenwesen in Menschengestalt zurückgekommen sind, um auf dem Planeten Erde das neue Goldene Zeitalter von Frieden, Freiheit, Fülle und Liebe einzuläuten.

Ob es dir bewusst ist oder nicht: Du bist diese Energie, du trägst sie in dir und verbreitest sie schon allein durch dein Sein. Und nicht nur die Legende vom *Goldenen Delfin* spricht von dieser Zeit – viele alte Kulturen auf der ganzen Welt wie die Hopi, Maya, die Polynesier, Ägypter und die alten Griechen kennen ähnliche Prophezeiungen, laut denen jetzt die Zeit des Erwachens gekommen ist.

Sirius und Sternenwesen Delfine

Doch nicht nur die australische Legende erzählt von Sternenwesen. Auch zufolge eines alten indigenen Wissens sollen die Wurzeln sowohl der Menschen als auch der Wale und Delfine in den Sternen liegen und die Delfine und Wale neben den Menschen die einzigen Geschöpfe der Erde mit Sternenursprung sein. Aber auch die Hopi und andere Indianerstämme in Nord- und Südamerika sowie verschiedene Gruppen der Aborigines beschreiben Wale und Delfine als Lebewesen, die nicht von dieser Welt stammen, da ihre Intelligenz, Weisheit und ihr Mitgefühl so ausgeprägt sind.

Und mit den Engeln der Meere zusammen in ihrer Welt zu schwimmen, fühlt sich tatsächlich manchmal so an, als wäre man zu Besuch bei Sternenwesen auf einem anderen Planeten.

Eine der wohl faszinierendsten Legenden über den Sternenursprung der Delfine und Wale ist die des Dogon-Stammes in Mali, Nordwest-Afrika, am Rande der Sahara Wüste. Sie sind bekannt dafür, Sternenwissen zu besitzen und den Himmel lesen zu können. Ende der 1930er-Jahre teilten vier Priester der Dogon dieses Wissen mit zwei französischen Anthropologen, Marcel Griaule und Germain Dieterlen. Die beiden verbrachten 15 Jahre bei dem Stamm und studierten ihn eingehend. Die Priester erzählten, dass alles Leben von Sirius kam – den die Maya und Hopi-Indianer auch den »Delfin-Stern« nennen.[10]

Dieser Stern Sirius hatte einen Doppelstern. Diesen Begleitstern von Sirius A nannten sie Sirius B. Beide waren für die Dogon der Ursprung ihrer Götter und des Lebens. Die Priester erklärten, dass der Begleitstern für das menschliche Auge unsichtbar sei. Sie behaupteten auch, dass er sich in einer 50 Jahre dauernden elliptischen Kreisbahn um Sirius A bewegen würde, dass er klein und schwer sei und um seine eigene Achse rotiere.

All das wurde durch westliche Astronomen in den 1920er-Jahren bestätigt. Eigentlich ist es unmöglich, solche Informationen ohne Hilfe von Teleskopen zusammenzutragen. Doch laut Marcel Griaules Büchern *Gespräche mit Ogotemmeli* und *Renard pâle* (*Der blasse Fuchs*) wussten die Dogon schon lange vor der Entdeckung des Doppelsterns Sirius B durch die moderne Wissenschaft von seiner Existenz.

10 Dieser hellleuchtende Stern findet sich in fast allen alten Weltkulturen repräsentiert. Im alten Ägypten assoziierte man ihn mit Osiris, doch er kommt auch in der altgriechischen Mythologie und in Legenden aus China, Japan, den arabischen Ländern und Skandinavien vor.

Doch woher wussten sie das? Die Dogon sagen, die Wesen die von Sirius kamen, hätten es ihnen gesagt. Darüber hinaus existieren uralte Höhlenmalereien des Stammes, auf denen große Gestalten in Helmen und Kleidung zu sehen sind, die denen von Astronauten ähneln.

Ihre Mythologie besagt weiter, dass die Götter einst von Sirius – den sie »Po Tolo« nennen, was »Sternenschöpfung« bedeutet – zu den Dogon kamen, um ihnen zu helfen. Sie zeugten auch Kinder mit ihnen.

Faszinierend ist, dass auf den Höhlenmalereien auch Delfine abgebildet sind, die sie ebenfalls als Götter bezeichnen. Geologische Untersuchungen weisen nach, dass es in der Region tatsächlich früher große Wasserreservoirs gab, die noch verbunden mit dem Ozean waren, wo die Meeressäuger leben konnten. Und woher stammen die Delfine laut der Mythologie der Dogon? Genau: auch von Sirius. In ihren Legenden nennen sie sie *Nommo*, was in ihrer Sprache übersetzt »Lehrer« und »Meister des Wassers« heißt.

Und hier schließt sich der Kreis mit der australischen Legende vom *Goldenen Delfin*, in der auch von den *Nommo* berichtet wird: den Delfinen die – ebenfalls von Sirius – auf die Erde kamen. Sie nennen diese »zufällig« genauso wie die Dogon: *Nommo*.

Gibt es Sternenwesen wirklich? Wenn die Erde so voller Fülle ist, erscheint es sehr unwahrscheinlich, dass das Universum leer ist. Genauso wie auf Erden ist alles im Universum lebendig und hat eine Seele, eine Essenz. Wir alle sind Sternenkinder.

Legenden und spirituelle Traditionen

Legenden und Mythen beinhalten immer Realität und Wahrheit. So ist es nicht verwunderlich, dass Delfine in vielen Kulturen vorkommen.

So glauben die Aborigines auf Groote Eylandt in Nordaustralien, dass sie direkte Nachfahren der Delfine seien. Bei ihren traditionellen Zeremonien bemalen sich die Stammesältesten mit Delfinen, tanzen sich in Trance und verbinden sich auf diese Weise mit ihrer Medizin. Ein anderer australischer Stamm bei Mornington Island nennt sich selbst »Delfinmenschen« und glaubt, dass ihr Schamane ein Delfin sei. Und die neuseeländischen Maori nennen die hochintelligenten Meeressäuger »Meermenschen«, und auf den polynesischen Gilbert Inseln werden sie verehrt.

Oder nehmen wir die alten Griechen: Eine der irdischen Erscheinungsformen des Gottes Apoll war ein Delfin. Der berühmte Tempel in Delphi ist ein Apoll-Tempel und ein Ort, den die Menschen aufsuchten, um Visionen und Heilung zu erfahren. Delphi galt den Menschen der Antike als der Mittelpunkt der Welt. Das Orakel von Delphi gilt als das wichtigste Orakel im antiken Griechenland.

Doch es gibt noch weitere Legenden über die Engel und Heiler der Meere So z.B. die Legende von den Chumash, einem Stamm Kaliforniens. Sie lebten auf einer Insel, die immer dichter besiedelt wurde. Hutash, die Erdmutter, machte für die Menschen eine Regenbogen-Brücke auf das Festland, wo es weites Land gab. Aber diejenigen, die bei der Überquerung auf das Meer hinuntersahen, fielen herab. Hutash wollte nicht, dass sie sterben – und so verwandelte sie sich in viele Delfine, die die Menschen auf ihren Rücken sicher ans Land brachten.

Oder nehmen wir die Legende von den rosa Flussdelfinen im Amazonas, die sich in der Nacht in junge Männer verwandeln, junge Frauen verführen und sie schwängern, damit sanfte Delfinmenschen auf die Welt kommen. In Brasilien gibt es sogar wirklich Geburtsurkunden, in denen als Vater »Boto Cor de Rosa« – »Rosa Flussdelfin Boto« eingetragen ist.

Im Urwald bei den
Rosa Flussdelfinen

Feuchte und heiße brasilianische Dschungelluft. Ich befinde mich tief im Amazonas-Regenwald. Ich bin hierher gereist, um den ›Boto‹ zu sehen, den rosafarbenen Amazonasdelfin. Er gilt als ausgesprochen schüchtern. Also teile ich ihm bereits vor meinem Flug nach Brasilien telepathisch mit, dass ich ihn besuchen komme – so, wie ich es immer tue, wenn ich reise, um die Wale und Delfine zu treffen. Ich bitte ihn, sich mir zu zeigen.

Das tut er dann auch. Er erscheint mir sogar sehr häufig, während meines mehrwöchigen Aufenthalts im Dschungel sogar fast täglich. Er ist mir gegenüber nicht schüchtern.

Der Boto hat einen herrlichen, großen Körper – und er ist wirklich richtig rosa! Mein Führer ist erstaunt darüber, wie freundlich die Delfine zu uns sind. Ich lächle, und führe meine telepathischen Unterhaltungen mit den Tieren fort.

Ich erzähle ihnen von ihren Brüdern und Schwestern in den Ozeanen der Welt. Von meinen Reisen. Davon, wie glücklich ich darüber bin, sie zu sehen, und dass ich sie liebe. Ich spüre, wie sie ihre Informationen auf mich downloaden und beobachte sie dankbar.

Mein Führer denkt, dass sie mich lieben und einst meine Liebhaber gewesen sein müssen, weil sie immer wieder zu unserem Holzkanu zurückkommen. Er kommt darauf, weil es in Brasilien eben jenen Mythos gibt, nach dem die Flussdelfine nachts junge Frauen verführen, nachdem sie eine menschliche Gestalt angenommen haben, sich morgens aber gleich wieder in Delfine verwandeln und in den Fluss zurückkehren.

Abends sitze ich glücklich auf der Veranda am Wasser, trinke Caipirinhas und beobachte, wie Exemplare der anderen im Amazonas beheimateten Delfinart, dem Sotalia, an mir vorüberschwimmen. Welche Wonne!

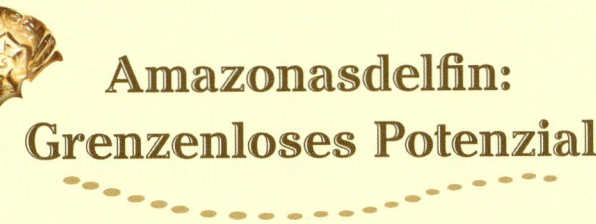

Amazonasdelfin:
Grenzenloses Potenzial

Ich gestalte mein Leben genau so,
wie es mich glücklich macht.

Delfine kennen im Ozean keine Grenzen und sind über ihr feines Wahrnehmungssystem mit hohen, universellen Schwingungen verbunden. Auch du kannst das – und dabei deine Glaubenssätze und selbst auferlegten Grenzen sprengen. Denn laut einem der sieben Huna-Prinzipien folgt Energie immer der Aufmerksamkeit: Das, was du denkst, erschaffst du auch.

Und: Alle Materie ist Energie – so lautet eine der wichtigsten Erkenntnisse aus Albert Einsteins bahnbrechender Relativitätstheorie. In seinen kleinsten Bestandteilen besteht alles aus reinem Licht und bewegt sich mit Lichtgeschwindigkeit fort.

Das bedeutet, dass du als das Licht, das du bist, zu allen Dimensionen Zugang hast – und dadurch dein Leben im Hier und Jetzt so erschaffen kannst, damit du glücklich wirst.

Info: Amazonasdelfin – Rosa Flussdelfin

Der Amazonas-Flussdelfin – auch ›Boto‹, ›Rosa Flussdelfin‹, oder ›Inia‹ genannt – kommt in beinahe allen Süßwasserlebensräumen vor, die mit den großen Flusssystemen des Amazonas und des Orinokos in Verbindung stehen. Er wird etwa zwei bis zweieinhalb Meter groß und erreicht ein Gewicht von 85 bis 130 Kilogramm.

Botos sind gut an das Leben im überfluteten Urwald angepasst. Sie verfügen über eine hochent-wickelte Echolotpeilung, womit sie Gegendstände und ihre Beute im oftmals trüben Wasser ihrer Lebensräume orten können. So können sie sich sogar – wie alle Delfin- und Walarten – in völliger Finsternis orientieren und Gegen-stände aus dem Weg schwim-men. Sie sind aus ihrer Mitte mit allem und allen Welten – nicht nur den physisch-materiellen, sondern auch den energetisch-unsichtba-ren – verbunden.

Übung: Potenzial

Lege oder setze dich in einer ruhigen Umgebung hin. Schließe nun deine Augen, und entspanne dich, atme tief ein und aus.

Werde dir bewusst, was du dir in deinem Leben aus tiefstem Herzen wünschst, um glücklich zu werden. Rufe nun einen Rosa Flussdelfin, und bitte ihn als Sternenbote, dich zu deinem Parallelselbst im Universum zu führen, wo du schon so lebst, wie du es gern möchtest. Nimm wahr, wie der Delfin kommt, um dich zu unterstützen.

Gemeinsam macht ihr euch auf den Weg. Vielleicht fliegt ihr zusammen durch die Weite des Alls, oder du sitzt dabei auf seinem Rücken.

Wenn ihr angekommen seid, begegnest du deinem Parallelselbst. Es ist bereits glücklich und erfüllt. Schaue deinem Parallelselbst nun zu: Erlebe, was es anders macht als du, und frage es, wie du das in deinem Leben auf der Erde umsetzen kannst. Nimm auch wahr, was dir der Delfin dazu sagt oder zeigt.

Komme schließlich mit dem engelhaften Rosa Flussdelfin wieder zurück auf die Erde, und bedanke dich bei ihm.

Atme noch einmal tief durch, und komme zurück ins Hier und Jetzt. Stelle dir vor, wie du zurück in deinen Körper steigst, damit du gut geerdet in deinem Alltag ankommst.

Öffne in deinem Tempo deine Augen.

Freunde und
bedingungslose Liebe

Schon in alten griechischen Schriften und auf antiken Vasen werden immer wieder erzählt und gezeigt, wie Delfine Menschen retten. Es gibt davon Aufzeichnungen bis in die heutige Zeit. In Gegenden wie Australien, Florida oder Hawaii, wo viele Menschen am und mit dem Meer leben, liest man jährlich Zeitungsberichte darüber, wie Delfine Menschen vor dem Ertrinken oder vor Haiangriffen retten. Die freundlichen Meeressäuger führen auch Boote in Seenot in einen sicheren Hafen.

Aber warum tun sie das? Denn eigentlich sind Delfine Räuber und könnten die Menschen auch angreifen. Bis heute konnten Forscher keine Erklärung dafür finden, warum sich Delfine freiwillig den Menschen nähern. Sie vermuten aber, dass diese Annäherung an den Menschen mit ihrem normalen, sehr ausgeprägten Sozialverhalten zu tun hat. Wenn Delfine Menschen vor dem Ertrinken retten, so mag das auch daran liegen, dass sie in solch einem Moment instinktiv ihre angeborenen Verhaltensweisen anwenden. So entspricht der Mensch in diesem Moment einem neugeborenen Delfinkalb, das von der Mutter auch über Wasser gehalten wird, damit es atmen kann. Oder sie behandeln den Verletzten wie einen verwundeten Artgenossen, der von ihnen in die Mitte genommen und gestützt wird, damit er nicht ertrinkt.

Auf der ganzen Welt führen Delfine Fischer zu Fischschwärmen. In der brasilianischen Stadt Laguna »arbeiten« Fischer und Große Tümmler zusammen, indem die Meeressäuger die Fische Richtung Strand treiben, wo die Männer und Frauen mit ihren Netzen warten.

Wenn die hilfreichen Delfine sich an der Wasseroberfläche zur Seite rollen, wissen die Menschen, dass sie ihre Netze auswerfen können, um die herannahenden Fische zu fangen – und die Fische, die den Netzen entkommen, schwimmen wiederum direkt ins Maul der wartenden Delfine. Auch in Mauritanien und in Australien wird dies so praktiziert.

Offensichtlich mögen Delfine die Menschen und sind gern mit ihnen zusammen. Sie kommen aus freier Entscheidung, aus Neugierde, aus Freundschaft. Dabei hätten die Delfine allen Grund, uns anzugreifen oder uns zumindest aus dem Weg zu gehen – schließlich zerstören wir als Kollektiv langsam ihren Lebensraum, die Weltenmeere, und damit auch sie.

Bei uns Menschen zählt Mitgefühl und bedingungslose Liebe gegenüber denen, die uns oder andere verletzt haben, als Gradmesser menschlicher und spiritueller Reife auf dem Weg zum inneren und dadurch äußeren Frieden. Sind die Delfine vielleicht auch weise – ja gar viel weiser als wir uns überhaupt vorstellen können, aber vielleicht schon ahnen? Kommen daher Bezeichnungen wie »Engel des Meeres« und »Heiler der Menschen«?

Auf jeden Fall können wir von den Delfinen und Walen lernen, was bedingungslose Liebe mit allen, die diesen Planeten mit uns teilen, anbelangt.

Ohne Rollstuhl schwimmen

Es berührt mich sehr, als ich zum ersten Mal eine querschnittge-
lähmte Frau dabei begleite, mit Delfinen zu schwimmen. Es ist einer
ihrer Lebensträume. Und so macht sie sich mutig auf den Weg nach
Hawaii, von Europa aus um den halben Globus, in Begleitung ihres
großen und starken erwachsenen Sohnes. Er soll seine Mutter auf sei-
nen Schultern immer wieder ins Wasser hinein- und herauszutragen.

Wir bitten um Unterstützung der höheren Kräfte – und diese ste-
hen den beiden die ganzen drei Wochen in Hawaii bei. Von Anfang
an ist klar, dass hier viel mehr als das, was wir sehen können, am
Werk ist. Der Ozean kann bei uns manchmal sehr wellig und wild
sein, was schwierig für die Frau gewesen wäre, doch an den Tagen,
an denen wir gemeinsam ins Meer gehen, ist es, immer ruhig – und
das ist sehr ungewöhnlich. Wir alle haben das Gefühl, dass die Was-
ser- und Wetter-Gottheiten uns helfen.

Die Delfine sind von Anfang
an da. Aber bis sich die Frau
an das Meer, ans Schnorcheln
und an die Tauchermaske
gewöhnt, und wir einen Weg
finden, wie sie entspannt
schwimmen kann, halten sie
Abstand. Sie ist noch nervös
und angespannt.

Dann sehen wir am dritten Tag ein paar große, alte Meeresschild-kröten. Mit ihrer ruhigen Art, durch den Ozean zu segeln und zu gleiten, beruhigen sie die Frau; sie guckt sich dieses Verhalten von ihnen ab und entspannt sich allmählich.

Die einfühlsamen Delfine spüren das, und von da an sind sie ihr ganz nahe. Sie nehmen genau wahr, wie ängstlich oder vertrauens-voll ein Mensch ist, und dementsprechend nahe kommen oder auf Abstand bleiben sie. So kommen sie nicht an den Tagen, an denen die Frau sich ausruhen will. Sobald sie aber wieder so weit ist, war-ten sie bereits in der Bucht auf sie.

Die Frau genießt die Begegnungen mit den Delfinen. Oft fließen dabei Tränen der Freude. Ich erlebe, wie sie den schweren Unfall, der sie hat querschnittsgelähmt werden lassen, aufarbeitet und sich mit der lebendigen, sprudelnden Energie der Delfine auflädt.

Dies hat nachhaltige Auswirkungen auf ihre Gefühlslage und ihr Leben: Auch Jahre später – wir bleiben in gutem Kontakt – erzählt sie, wie trotz ihrer körperlichen Einschränkung die Delfinbegegnun-gen ihr ihre Vitalität zurückgebracht haben.

Delfine und Geburt

Delfine berühren in vielen Menschen die Sehnsucht nach einer sanften Wassergeburt. Sie erinnern uns daran, dass auch unsere Babys sanft im Wasser zur Welt kommen können, denn zuvor haben sie bereits die ersten neun Monate ihres Lebens im Bauch ihrer Mutter im Wasser verbracht. Daher ist es nur natürlich, Babys in dem Element, das ihnen vertraut ist, auf die Erde zu bringen. Diese Entbindungsform ist uralt und bei vielen Naturvölkern üblich.

So verwenden in Neuseeland gebärende Maori-Frauen noch heute natürliche Steinbecken an den Küsten, die vor den Wellen geschützt sind und sich laufend mit frischem Wasser auffüllen, in Polynesien werden seit jeher die warmen Lagunen der Korallenriffe zur Entbindung genutzt und auch für die alten Ägypter und die Bewohner Hawaiis waren Wassergeburten selbstverständlich.

Viele wissenschaftliche Untersuchungen belegen, dass sie für Mutter und Kind gefahrlos und sogar vorteilhaft ist (Thurgauisches Kantonsspital, Schweiz). Das flüssige Element wirkt während der Wehen angenehm, entspannend und ist schmerzlindernd. Durch den Auftrieb wird die Frau leichter, sie erhält eine bessere Beweglichkeit, wodurch Positionswechsel – im Gegensatz zu einer Geburt an Land – auch während starker Wehen möglich sind.

Frauen, die ihr Kind im Wasser zur Welt bringen, berichten meist von einem schönen und sanften Geburtserlebnis. Darüber hinaus verläuft die Entbindung häufig schneller, es werden keine oder weniger Schmerzmittel benötigt und die Zahl an Dammverletzungen ist sehr gering. Die Mütter fühlen sich danach oft kraftvoll und energiegeladen.

Diverse Studien von Pionieren der Wassergeburt wie Igor Charkovsky, Elena Tonetti-Vladimirova, Michel Odent und Estelle Meyers belegen, dass sich Wasserbabys sogar merklich schneller während der ersten zwei Lebensjahre entwickeln als an Land geborene Kinder. Dies betrifft insbesondere ihre Motorik und ihre Kommunikationsfähigkeiten. Der Verlauf der Geburt hat einen enormen Einfluss auf den Menschen – es ist seine erster Eindruck vom Leben. Sie prägt ihn und hinterlässt ein erstes Muster, von dem aus – ähnlich einer Nadel in der Rille einer Schallplatte – das Leben seine Fortsetzung findet.

Übung: Neugeburt

Lege dich an einem ruhigen Ort hin, und schließe deine Augen. Atme entspannt, und komme zur Ruhe.

Visualisiere dich als kleinen Embryo im Bauch deiner Mutter. Fühle, wie du dich dort gefühlt hast. Lasse nun die Zeit der Schwangerschaft an dir vorbeiziehen, und erlebe auch deine Geburt noch einmal. Nimm alles wahr, was schwierig oder problematisch war.

Rufe nun einen oder mehrere Delfine herbei, und bitte sie, dich zu unterstützen, dich zu begleiten und dich neu zur Welt zu bringen.

Nun sieh dich erneut als kleinen Embryo. Aber diesmal stelle dir vor, wie die ganze Schwangerschaft und die Geburt optimal verlaufen. Auf diese Weise bringst du dich selbst neu zur Welt. Erlebe, wie dich die heilenden Delfine dabei unterstützen. Wenn du bereits eine schöne Schwangerschaft und Geburt erlebt hast, dann genieße sie einfach nochmals: Das gibt Lebenskraft und -freude!

Nimm jetzt wahr, wie du dich im Vergleich zu vorher fühlst.

Bedanke dich bei den Delfinen und dir selbst. Komme zurück, und öffne in deinem Tempo wieder deine Augen.

Delfin-Hebammen

Manche indigenen Kulturen lassen sich bei ihren Geburten sogar von Delfinen helfen, etwa die Bewohner Hawaiis. Das Klima in Hawaii ist ideal, um am Stand zu gebären, und es gibt Küstenbereiche, an denen die Meeressäuger ganz nahe ans Ufer kommen können. Inzwischen gibt es weltweit solche Geburtszentren, neben Hawaii auch in Israel, Florida, in der Karibik, Japan und am Schwarzen Meer.

Die sensitiven Meeressäuger erkennen dabei mittels ihres Sonars, dass eine Frau schwanger ist. Häufig kommen Delfine gerade, weil Schwangere da sind – denn mit ihrem Echolot sehen sie, dass die Frau ein Kind in sich trägt. Natürlich spielt dabei aber auch ihre natürliche Art, zu helfen, eine Rolle.

Mit ihren Hochfrequenztönen unterstützen sie die Frauen beim Geburtsvorgang und wirken laut Igor Charkosvky wie natürliche Schmerzmittel. Sie fördern, dass Endorphine – Glückshormone – im Gehirn der Frau ausgeschüttet werden, was diese zusätzlich entspannen und in einen Zustand der Liebe kommen lässt. Es wurde immer wieder beobachtet, wie die hilfreichen Meeressäuger sogar das Neugeborene an die Wasseroberfläche begleiteten, damit es dort seinen ersten Atemzug nehmen kann – genauso, wie sie es bei ihren Jungen machen.

Delfine helfen übrigens nicht nur Menschen als Hebammen bei der Entbindung, sondern auch größeren Walarten wie dem Buckel- oder dem Grauwal.

Die Geburten der Meeressäuger

Je nach Art gebären die Engel und Heiler der Meere nach einer Tragzeit von zehn bis 16 Monaten meist nur ein einziges Junges. Im Gegensatz zu den meisten anderen Säugetieren kommen Wal- und Delfinjunge nicht mit dem Kopf, sondern mit der Schwanzflosse voran zur Welt, da die Kälber unter Wasser geboren werden und bei einer längeren Geburt sonst ersticken könnten. Die Nabelschnur wird nicht abgebissen, sondern reißt von selbst, wenn sich das Kleine freischwimmt.

Einige andere Delfinweibchen helfen der Mutter als Hebammen bei der Geburt. Die Delfinmutter oder eine der Helferinnen stupst das Neugeborene behutsam zur Wasseroberfläche, wo es zum ersten Mal atmet. Es kommt aber auch vor, dass das Kleine von selbst nach oben schwimmt. Nach der Geburt ihres Kalbes stößt die Mutter immer wieder den gleichen Pfiff aus. Auf diese Weise lernt der Nachwuchs, seine Mutter in der Gruppe wiederzufinden.

Es ist wichtig, dass der kleine Delfin schnell eine dicke Fettschicht bekommt, um nach der Wärme im Mutterbauch den Temperaturen im Wasser standhalten zu können. Deswegen hat die Delfin- bzw. Walmilch mit 15 bis 40 Prozent einen viel größeren Fettanteil als die menschliche Muttermilch mit etwa fünf Prozent.

Wie bei menschlichen Babys, haben auch Delfinjunge anfangs keine Zähne. Diese wachsen erst nach ein paar Wochen. Die Milch der Mutter wird aus der Zitze herausgespritzt, und das Kleine hält die Schnauze auf. Delfinbabys wachsen mit erstaunlicher Geschwindigkeit: Sie verdoppeln ihre Größe und versiebenfachen ihr Gewicht innerhalb eines Jahres. Nach vier bis fünf Monaten hilft die Mutter ihrem Jungen, feste Nahrung zu sich zu nehmen. Die Stillzeit dauert je nach Art ein bis vier Jahre. Im Laufe dieser Zeitspanne wird das Jungtier immer unabhängiger und geht selbst auf die Jagd.

Bei manchen Delfin- und Walarten gibt es Kindergärten, genannt »nurseries«, bei denen einige Weibchen auf mehrere Kleintiere achten, damit die anderen Delfine auf die Jagd gehen können.

 # Menschliche Delfinkinder

Delfine lieben Kinder: Ich beobachte das immer wieder bei meinen Gruppen. Sind Kinder dabei, sind die Delfine oft die ganze Zeit da. Kinder bewegen sich ganz natürlich in jenem spielerischen Zustand des Seins, in dem die Meeressäuger sich befinden.

Wir können unsere Kinder dabei unterstützen, diese spielerische Sicht auf die Welt zu bewahren, sie aber gleichzeitig zu verantwortungsvollen Erwachsenen heranziehen. Wenn wir sie so früh wie möglich mit zum Schwimmen in warmem Wasser und zu den Meeressäugern in freier Natur nehmen, können sie ein Bewusstsein für Delfine und ihre Botschaften entwickeln und so von ihnen lernen. Studien von Kindern, die in Kontakt mit Delfinen und Walen gekommen sind, belegen, dass sich ihre kognitiven Fähigkeiten um ein Vielfaches schneller entwickelt haben als bei Kindern, denen diese Begegnung nicht möglich war.[11]

Sprich mit deinem Kind über die Liebe. Spiele und kuschle mit ihm, sei liebevoll und einfühlsam. Zeige deinem Kind, wie es Stress mit seinem Atem loslassen kann – genauso wie die Delfine (siehe dazu die Übung auf Seite 89).

Gehe mit deinem Kind in Gruppen, damit es den Wert der unterstützenden Gemeinschaft kennenlernt. Lasse es dann auch allein Erfahrungen machen, damit es erlebt, wie es nicht an einen Menschen oder eine Gemeinschaft gebunden ist, sondern frei und beweglich leben kann – genauso wie die geselligen Meeressäuger.

Die Kinder der neuen Zeit zeigen uns generell den Weg. Man nennt sie auch Indigo- oder Kristallkinder, weil sie die Menschheit auf

11 David E. Nathanson, Dolphin Human Therapy.

eine höhere Ebene der Güte und Sensitivität führen. Diese Indigokinder – manche sind mittlerweile schon Erwachsene – unterstützen die Welt dabei, zu einer höheren Schwingungsebene aufzusteigen, auf der Liebe und Einfühlungsvermögen keine Ausnahme mehr darstellen, sondern die Norm sind. Sie haben eine gute Verbindung zur Quelle, dem Wunder und Mysterium des Lebens, dem Ursprung von allem, was ist. Sie sind kommunikativ, liebevoll und sehr sensibel. Es ist daher kaum eine Überraschung, dass diese neue Generation telepathisch wie die Delfine ist, und wir diesen Kindern nichts vormachen können: Sie wehren sich vehement und zu Recht gegen Zwänge, Verbote und Unwahrheiten.

Manche von ihnen sind auch Delfinkinder. Einst waren sie Delfine oder Sternenwesen in den Regionen des Universums, von dem auch unsere irdischen Delfine stammen.

Es gibt aber auch rein menschliche Delfinkinder. Sie lieben es, Freude und Spaß zu verbreiten. Sie mögen Menschen und machen die Menschen in ihrer Umgebung glücklich. Sie lieben Wasser und haben Freude an Kommunikation und Bewegung. Ihr Verhalten ist verspielt, aber nachvollziehbar, und sie gehen immer den Weg des geringsten Widerstandes, weil sie die Leichtigkeit lieben.

Delfinkinder genießen es, in der freien Natur zu sein, und sprechen mit dieser – mit Steinen, Pflanzen und Tieren, aber auch mit Engeln und Lichtwesen. Sie haben ein sehr feines Gespür für Energie. Oft sind sie künstlerisch veranlagt

Ihre männlichen und weiblichen Seiten sind ausgewogen. Sie mögen Klänge und Musik, Bewegung und Tanz. Menschliche Delfinkinder sind Lehrer aus der Zukunft, die uns – oft auf telepathischem Wege – neue Kommunikations- und Seinsformen vermitteln.

Mit unseren Kleinen

Wir sind im Ozean bei den Delfinen. Sie springen und wirbeln herum. Ein Junge in meiner Gruppe, zwölf Jahre alt, liebt es, mit seinem Bodyboard (die verkürzte Form eines Surfbrettes) auf den Wellen zu reiten. Er lacht, seine Augen leuchten. Ein paar Delfine surfen mit ihm.

Er purzelt durch die Wellen, aber die akrobatischen Meeressäuger stoßen niemals mit ihm zusammen. Sie beherrschen ihre Körpermotorik vollkommen – diese fantastischen Schwimmer. Der Junge und die Delfine wiederholen ihr Spiel mehrere Male und sind dabei wie eine Einheit.

Später gehe ich mit meinen Kindern ins Wasser. Ich setze meine vierjährigen Zwillinge auf ihre kleinen Bodyboards. Sie sind diese gewohnt und können schwimmen seit sie zwei Monate alt sind. Sie waren schon oft bei den Delfinen im Meer. Jetzt freuen sie sich wieder auf sie und juchzen aufgeregt und fröhlich. Wir paddeln hinaus zu den Delfinen, und sofort umkreisen sie uns. Wir hören ihr Ausatmen – »pfhuhhh«. Einer springt. Es ist ein Junges und kommuniziert direkt mit meinen Kleinen. Die beiden lachen und strahlen.

Meine Kinder haben ihre Tauchermasken und Schnorchel auf – sie lernen gerade das Schnorcheln wie die Großen, stückchenweise. Sie stecken den Kopf ins Wasser und sehen den freundlichen Delfinen unter Wasser ein paar Minuten zu. Diese schwimmen so nahe, dass sie uns fast berühren. Als würden sie meine Kinder einladen, mit ihnen zu kommen.

Die beiden heben wieder ihre Köpfchen aus dem Wasser. Ihre Augen leuchten.

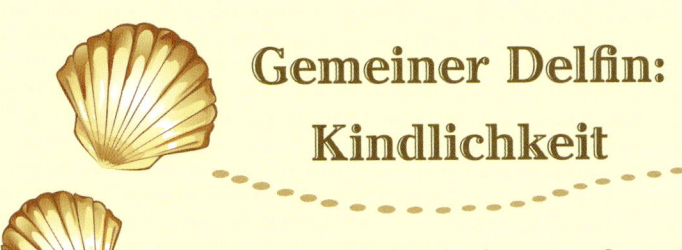

Gemeiner Delfin:
Kindlichkeit

Ich bin ein Kind der großen Quelle,
ein Funken des ewigen Lichtes.

Zu leben, genau dafür ist das Leben da – und nichts Geringeres führen uns die Delfine vor Augen! Es ist ein Geschenk, ein Spielzeug des Himmels für dich – auf dass du mit zauberhaften Möglichkeiten und Überraschungen vergnügt spielst. Auch als Erwachsener kann das Kind in dir zum Ausdruck kommen.

Tritt ein in diesen Garten der Wonne – wie die Delfine, die ihr Leben lang spielen. Lache voller Freude, und begegne dem Leben mit Humor. Genieße deine Kindlichkeit! Die fröhlichen Meeressäuger ermuntern dich, zu spielen und zu lachen. Sie sind sehr intelligente Lebewesen – die am liebsten miteinander Spaß haben. Sie reiten auf den Wellen, springen und drehen sich im Kreis. Dadurch erinnern sie uns an die Freundschaft und daran, wie viel Freude es bereitet, mit anderen zu teilen.

Wir Menschen begreifen allmählich, dass es auf der Erde möglicherweise intelligentere Wesen als uns gibt. Also beobachten wir die lebenslustigen Delfine, um von ihnen zu lernen und daran erinnert zu werden, wie es ist, ein fröhliches und verspieltes Kind zu sein.

Info: Gemeiner Delfin

Die häufigste Delfinart im Mittelmeer ist der Gemeine Delfin. Die Männchen erreichen die Geschlechtsreife mit zwölf bis 15 Jahren, die Weibchen bereits mit sieben Jahren. Ein Weibchen bringt etwa alle drei Jahre ein Jungtier zur Welt. Bei der Geburt versammelt sich die ganze Gruppe, und sie kann bis zu zwei Stunden dauern. Kommt das Junge zur Welt, wirkt es so, als würde es von Anfang an schon lächeln. Dabei ist dies nur die natürliche Form ihres Mundes. Dennoch bleiben die Gemeinen Delfine ihr Leben lang fröhliche Lebewesen, die gern spielen, kuscheln und lachen – alles, was den Delfinkindern Freude bereitet, macht auch den erwachsenen Delfinen Spaß!

Übung: Kindsein

Begib dich in einen stillen Raum, und stelle dich hin. Atme ein paar Mal tief ein und aus. Komme zur Ruhe.

Rufe nun dein inneres Kind herbei. Das ist jener Teil von dir, der authentisch und kräftig ist, der nur das tut, was ihm Freude bereitet, und der Spaß am Leben hat. Stelle dir dabei vor, wie dein inneres Kind direkt vor dir steht. Um dieses innere Kind zu unterstützen, rufe einen oder mehrere Delfine an seine Seite. Stelle dir vor, wie sie um es herumschwimmen.

Mache nun einen großen Schritt, und nimm den Platz deines inneren Kindes ein. Wie fühlt es sich an, direkt dort zu stehen, wo dein inneres Kind mit dem vergnügten Delfin im Wasser schwimmt? Erlebe und genieße ihre Vitalität und Lebensfreude. Lasse dein inneres Kind — laut oder leise — erzählen, worauf es gerade Lust hat und was es unternehmen und erfahren möchte.

Vielleicht möchte es ein wenig hüpfen und tanzen oder mit den Delfinen spielen.

Verweile solang du möchtest auf dem Platz deines inneren Kindes. Befrage es und auch den Delfin zu allem, was du wissen willst.

Bedanke dich schließlich beim freundlichen Delfin, und frage ihn noch, wie auch du ihn unterstützen kannst — etwa, indem du Petitionen zum Schutz von Meeressäuger unterschreibst oder indem du etwas anderes für die Umwelt machst. Wenn auch der Delfin dir schließlich alles gesagt hat, beobachte, wie er wegschwimmt.

Nimm nun dein inneres Kind an die Hand, und umarme es. Dazu ergreift deine linke deine rechte Hand. So umarmst du dich selbst. Verschmelzt euch. Atme dabei tief ein und aus, und genieße diese Verschmelzung.

Tritt schließlich gemeinsam mit deinem inneren Kind einen Schritt zurück — hinein in dein Leben im Hier und Jetzt.

Wale:
Unsere GRÖSSTEN

Sanfte Riesen

Botschaft der Wale

Heute früh ist meine erste ganz nahe Schwimmbegegnung mit den Buckelwalen. Sie sind riesig – das Herz eines Buckelwals hat das Gewicht von drei erwachsenen Menschen. Nachts kann ich sie singen hören, mein Haus ist nahe an der Küste. Ich träume auch von ihnen. Sie rufen nach mir.

Am Morgen gehe ich an den Strand. Ich sehe zwar nichts, doch ich spüre, dass sie da sind. Als ich ins Wasser gehe und untertauche, höre ich wieder ihren magischen Gesang. Ich schwimme an die Oberfläche zurück und sehe, wie einer von ihnen Wasser durch sein Blasloch in einer Fontäne nach oben bläst. »Es ist Zeit«, höre ich sie singen.

Ich stelle mir vor, dass mich ein weißes Licht schützt. Ich bitte die Ozeanmutter um Erlaubnis, sie zu besuchen, damit ich ihre Geschöpfe in ihrem Heim und Lebensraum besuchen kann. Sie gewährt mir beides. So fühle ich mich sicher und schwimme eine halbe Stunde und etwa einen Kilometer in die Bucht hinaus – das Wasser ist hier tief, und ich kann den Grund nicht mehr sehen.

Ich treibe in der Mitte der Bucht. Hin und wieder sehe ich darin die Wale an unterschiedlichen Stellen auftauchen, aber ich bewege mich nicht auf sie zu. Sie werden kommen, wenn es sein soll. Aufgeregt erwarte ich ihre Ankunft – und gleichzeitig bin ich tiefenentspannt, in Trance.

Die Meeressäuger können bis zu 20 Minuten unter Wasser bleiben. Es ist das kleinere, dabei aber immer noch ziemlich große und mächtige Baby, das immer wieder an die Oberfläche kommt, da es noch keine so lange Atemzeit hat. Also warte ich darauf, wieder das laute Ausschnaufen und Luftholen zu hören, um es zu orten und seinen dunklen Rücken zu sehen.

Während der längeren Pausen, in denen ich sie nicht sehen kann, fühle ich, wie mich ihre Vibrationen unter Wasser einhüllen. Die majestätischen Wale ziehen ihre Kreise um mich, gemächlich, immer näher kommend. Fast so, als gäben sie mir Zeit, mich an ihre Größe und Kraft zu gewöhnen und um keine Angst zu kriegen, wenn sie dann direkt neben mir im Wasser schwimmen.

Ich denke über die letzten Jahre nach; über meine Begegnungen mit Walen vom Strand und von Booten aus; an die Botschaften, die ich von ihnen und in meinen Träumen erhalten habe. Eine ihrer Nachrichten besteht darin, dass sie mich genauso wie die Delfine darum bitten, mit ihnen zusammen andere Menschen zu heilen. Mit derartigen Mitteilungen bin ich sehr vorsichtig und will ganz sicher sein, dass sie nicht meinem Wunschdenken entspringen.

Mit diesen Überlegungen im Kopf treibe ich durch die Bucht. Die Wale habe ich seit etwa 15 Minuten nicht mehr gesehen. Ich habe keine Ahnung, wo sie sich gerade aufhalten. Erneut frage ich mich, ob es mir wirklich bestimmt ist, mit den Walen arbeiten zu dürfen. Ich bitte sie um ein ganz klares Omen, ein Zeichen, sodass ich sicher weiß, dass es »Ja« bedeutet – oder eben auch »Nein«.

Der Buckelwal taucht zehn Sekunden später direkt vor mir auf. Es ist ein Junges, ein Baby, und es schwimmt immer näher auf mich zu – ich kann es fast berühren. Seine Augen mustern mich voller Neugier und Intelligenz.

Das Walbaby, das ganz plötzlich aus dem Nichts vor mir aufgetaucht ist, erfüllt mich mit Ehrfurcht. Ich fühle eine noch größere Präsenz – die Mutter muss ganz in der Nähe sein. Ich spüre, dass sie sich direkt unter mir und dem Jungen befindet.

Ich sehe nach unten – und da ist sie, nur einige Meter von mir entfernt. Sie hat sich auf die Seite gedreht und sieht zu mir hoch. Unverwandt sieht sie mich an, nimmt mich genau unter die Lupe. Ich kann in ihrem Auge sehen, dass sie mit meiner Anwesenheit einverstanden ist. Sie blickt mich freundlich und voller Wärme an.

Beide »hängen« nur da und schauen mich an – wir haben minutenlang Augenkontakt und sind nur ein paar Meter voneinander entfernt.

Ich fange an zu weinen – und gleichzeitig zu lachen. Wie von selbst dringt es von ganz tief unten in meinem Bauch nach oben, ein Weinen aus Liebe und Glück, aus unglaublicher Erleichterung und Befreiung. So viel Schönheit, so viel Würde, so viel Liebe spüre ich *ausgehend von diesen zwei riesigen Meeressäugern, von Mama und Baby! Es ist schwer in Worte fassbar.*

Sie treiben ganz langsam und lassen mich ein Stück mitschwimmen. »Alles ist gut«, spüre ich die Mama sagen. Sie ist so gigantisch, direkt unter mir, und dennoch spüre ich ihre Sanftheit. Sie könnte mich mit einem einzigen Zucken ihrer Flosse töten – doch sie ist sanftmütig.

»Sag den Menschen, dass sie sanfte Krieger des Lichts sein sollen, dass sie für Liebe und Frieden eintreten sollen«, sagt sie. »So wie wir – die größten Lebewesen auf dem Planeten. Sie sollen so sanftmütig und liebevoll sein wie wir.«

Ihre Weisheit ist so uralt, ich fühle die Wahrheit in jedem Wort, das sie sagt. Ich weine noch immer. Was für eine Erleichterung, zu fühlen, was ich immer schon geahnt habe. Es ist wie das Erwachen einer alten Erinnerung.

Unsere Begegnung dauert etwa eine Viertelstunde – das Junge schwimmt mehrere Male nah an mich heran, dann entfernt es sich ein bisschen, aber nur, um gleich wieder zurückzukommen. Ein neugieriges und sehr, sehr großes Baby. Die Mama bleibt immer in unserer Nähe.

In einiger Entfernung – ich kann seine Konturen nur verschwommen im Wasser erkennen – ist ein männlicher Buckelwal erschienen. Wissenschaftler bezeichnen dieses Männchen als »Eskorte«, denn mit einer Mutter und ihrem erst wenige Monate alten Baby schwimmt fast immer auch ein männlicher Wal mit. Ich glaube, dass er da ist, um Mutter und Kind Rückhalt und Stärke zu geben, genauso wie bei Delfingeburten, bei denen die Männchen die gebärende Mutter und ihre weiblichen Hebammen wie ein Schutzschild umringen.

Nach einer Viertelstunde tauchen die majestätischen Wale ab und verschwinden in der Dunkelheit der Tiefe. Langsam schwimme ich zur Küste zurück.

Am Strand bringe ich ein Opfer dar, um den Walen und der Ozeanmutter zu danken, und singe ihnen ein Lied. Zu Hause esse ich eine riesige Mahlzeit und lege mich hin, um mich auszuruhen. Obwohl ich müde bin, kann ich nicht schlafen – mein Körper summt vor Energie und all den Informationen, die auf mich heruntergeladen wurden. Es ist Zeit zu träumen.

Stundenlang liege ich träumend da, den ganzen Tag über lasse ich die immense Energie und Präsenz der gigantischen Meeressäuger sacken. Ich fühle, wie sich die Energie in meinem Körper rührt und umstrukturiert. Gefühle des Friedens, der Liebe, des Verständnisses kommen in mir hoch – und ein tiefes Wissen, dass alles richtig und gut ist, genau so, wie es ist.

Ihre Botschaft ist eindeutig: Es ist Zeit für uns Menschen, den Weg der Liebe zu gehen, den Weg der Sanftheit in dieser Zeitenwende. Es ist Zeit, nicht aufzugeben, wenn es in den Nachrichten wieder um Krieg und Zerstörung geht; nicht stehenzubleiben, wenn es im privatem Umfeld wieder reibt; das Herz wieder zu öffnen, und weiterhin ein sanfter Krieger des Lichtes zu sein; einzutreten für Licht und Liebe!

Diese größten und kraftvollsten der Säugetiere sind uns ein Beispiel an sanfter Macht, und dafür, was es bedeutet, stark und gerade deshalb sanft, achtsam und liebevoll zu sein. Sanft-Mut – das Wort beinhaltet in der Sanftheit den größten Mut.

Am Abend schlafe ich mit dem Gesang der Wale in der Bucht schließlich ein. Der Download arbeitet noch immer in meinen Zellen nach. Ich träume von ihnen.

Die größten Säugetiere

Unsere Größten sind unsere Sanftesten: Bartenwale sind keine Jäger. Ihre große Masse erreichen sie, indem sie sich vor allem von Plankton und Krill ernähren, welches sie mithilfe ihrer Barten aus dem Wasser filtern. Das mag sich nach wenig anhören, ist es jedoch nicht: Denn der gewaltige Meeressäuger isst an einem guten Tag im Sommer bis zu 40 Millionen Kleinkrebse – das sind etwa 3600 Kilogramm. Dafür lebt er im Winter wiederum nur von seinen Fettreserven.

Faszinierend ist auch, dass das größte Lebewesen der Welt sich ausgerechnet von den winzigsten ernährt: Kleinkrebse werden nur rund sechs Zentimeter lang und wiegen lediglich zwei Gramm. Dafür kommen sie aber in großen Schwärmen vor, mit 10000 bis 30000 Exemplaren pro Kubikmeter Wasser. In Bezug auf die Biomasse – ihre gesamte Masse weltweit – sind Plankton und Krill mit ungefähr 500 Millionen Tonnen die häufigste Tierart der Welt. Sie existieren in jedem Ozean und sind die häufigste Nahrungsart auf Erden. Kein Wunder also, dass Wale so groß sind.

Es gibt aber noch einen anderen Grund für die Überdimensionalität der Bartenwale: Durch ihre Größe verlieren sie weniger Wärme an das oftmals eiskalte Wasser in den großen Krill-Gebieten. Es ist für die warmblütigen Wale daher überlebenswichtig, groß zu sein. Jeder Körper gibt seine Wärme über die Oberfläche an die Umgebung ab. Ein großer Körper hat einen geringeren Wärmeaustausch, weil seine Hautoberfläche im Verhältnis zum Körpervolumen kleiner ist – die sogenannte Bergmannsche Regel –, denn die Oberfläche wächst nur quadratisch, das Volumen dagegen kubisch. Je größer also der Körper eines Lebewesens ist, desto besser kann es sich in einem kalten Lebensraum gegen Wärmeverlust schützen.

Da im Wasser fast Schwerelosigkeit herrscht, können Wale dort besonders groß und trotzdem sehr beweglich sein. An Land würden sie durch ihr eigenes Gewicht erdrückt werden. Die größten Beine, die an Land der Erdanziehung im Trockenen noch standhalten können, sind die der Elefanten – doch größer, und sie würden in sich zusammenklappen. Im Wasser trägt sie die Auftriebskraft.

Zum Vergleich: Das größte Landtier ist der Elefant mit einer Größe von durchschnittlich vier Metern und zwei bis fünf Tonnen Gewicht. Die größten Wale sind: der Blauwal (28 Meter lang und 100 Tonnen schwer), der Finnwal (25 Meter lang und 70 Tonnen schwer), der Glattwal (20 Meter lang und 55 Tonnen schwer), der Pottwal (18 Meter lang und 50 Tonnen schwer) und der Buckelwal (15 Meter lang und 30 Tonnen Schwer).

Hinzu kommt, dass die majestätischen Meeressäuger in den riesigen Ozeanen genug Raum haben, sich in jeglicher Hinsicht auszudehnen. Viele Großwalarten schwimmen Jahr für Jahr einmal um den halben Globus und wieder zurück.

Blauwal: Größe

Ich bin ein kraftvolles Wesen und nutze meine Macht auf integre Weise.

Wale sind die größten Säugetiere auf Erden und gleichzeitig sanftmütige Riesen. Ihr Gehirn ist wie bei den Delfinen im Verhältnis zu ihrer Körpermasse das größte auf Erden. Der denkende Bereich darin ist fast um die Hälfte größer als der des Menschen. Wahrscheinlich sind sie somit die intelligentesten Lebewesen auf unserem Planeten – und die friedlichsten. Und genau das ist ihre Medizin für uns Menschen: Sie vermitteln uns, friedliche und sanftmütige Krieger des Lichtes und der Liebe zu sein und Kraft und Stärke nicht zu missbrauchen, sondern für das Licht zu nutzen. Jeder von uns Menschen trägt Kraft, Stärke und Größe in sich. Jeder von uns hat das Zeug dazu, für das Licht und die Liebe zu arbeiten.

Auch du bist auf integre Weise machtvoll. Fürchte dich nicht vor deiner Kraft! Setze sie weise ein, in Verbundenheit mit allem, was ist. Erinnere dich, deine Macht auf spielerische Weise umzusetzen – so, wie die Wale, die einen Riesenspaß dabei haben, kraftvoll in die Höhe zu springen und wieder ins Wasser zu krachen.

Deine Kraft und Macht unterstützen dich dabei, mutig deinen Weg zu gehen und deine Wahrheit auf Erden zu verkünden. So bewirkst du nicht nur Positives für dein eigenes Leben, sondern auch für die Menschen um dich herum und auf dem ganzen Planeten.

Info: Blauwal

Blauwale sind die größten Lebewesen auf der Erde – sie sind sogar riesiger als die größten Dinosaurier, die einst existiert haben. Um ein Gefühl für diese beeindruckenden Dimensionen zu vermitteln, kann man sich das Herz eines Blauwals so groß wie einen VW-Käfer vorstellen. Sein Herz wiegt bis zu einer Tonne und seine Hauptschlagader ist so groß, dass ein Mensch durch sie hindurch schwimmen könnte. Der Magen des riesigen Meeressäugers nimmt bis zu 2 000 Kilogramm Nahrung auf. Seine Zunge wiegt vier Tonnen – schwerer als zwei Kleinwagen – und 50 Menschen könnten auf dieser stehen. Ein Bus hätte genug Platz, um in sein Maul zu fahren

Ausgewachsene Blauwale wiegen 100 bis 120 Tonnen, das entspricht einem Gewicht von etwa 2 000 Menschen. Sie können zudem über 30 Meter lang werden, wobei die weiblichen Tiere größer als die männlichen werden. Neugeborene messen ungefähr sieben Meter und wiegen zweieinhalb Tonnen – etwa so viel wie ein Lieferwagen. Blauwalbabys saugen sechs bis sieben Monate bei ihren Müttern. Dabei trinken sie täglich 600 Liter Milch und nehmen pro Tag an die 90 Kilogramm zu, das sind fast vier Kilogramm pro Stunde. Blauwale sind die schnellsten Schwimmer unter den Bartenwalen – bei Gefahr können sie eine Geschwindigkeit von bis zu 50 Kilometern pro Stunde erreichen. Die gewaltigen Meeressäuger stoßen beim Auftauchen einen zwischen drei und neun Meter hohen Wasser-Luftstrahl in die Höhe aus.

Sie werden zudem sehr alt: Die Lebensdauer eines Blauwals kann 90 Jahre betragen. Dabei werden sie in der Regel allein oder in kleinen Gruppen von zwei bis drei Tieren beobachtet. Allerdings könnten auch Individuen, die mehrere Kilometer voneinander getrennt schwimmen, eine gemeinsame Gruppe bilden, da Blauwale wahrscheinlich aufgrund ihrer riesigen Größe mehr Freiraum als andere Meeressäuger benötigen. Es gibt sie in allen Ozeanen, egal, in welchem Klimagebiet. Sie sind also nicht nur in Bezug auf ihre Körpergröße die gigantischsten Tiere auf Erden – sie leben auch grenzenlos.

Übung: Größe

Lege dich an einen ruhigen Ort, und schließe langsam deine Augen.

Stelle dir vor, wie du Meeresrauschen hörst. Genieße den Klang der Wellen. Atme im Rhythmus der Wellen tief ein – und dann tief aus. Und nun lasse dich in die Wellen, in den Ozean hineingleiten.

Rufe nun die Blauwale. Sage ihnen deinen Namen, und von wo aus auf der Welt du gerade mit ihnen sprichst – damit sie dich bestmöglich unterstützen können. Bitte sie um Erlaubnis, sie im Wasser, in ihrem Wohnzimmer, in ihrem Zuhause und Lebensraum zu treffen.

Und nun stelle dir vor, wie du mit ihnen im Wasser schwimmst. Du fühlst dich dabei wohl und sicher. Vielleicht sind sie schon ganz nahe – oder du hörst sie aus der Ferne. Frage sie ganz direkt: »Wie kann ich in meine wahre Größe kommen? Was ist dafür eure Botschaft an mich?«

Nimm wahr, was die riesigen und sanften Blauwale dir sagen oder zeigen. Und frage sie alles, was du wissen möchtest. Vielleicht auch: »Warum begegnet ihr mir zu dieser Zeit in meinem Leben?«

Wale sind Helfer und Heiler – und sie unterstützen dich bei allem, was du gern wissen möchtest. Ihre Botschaft erhältst du

vielleicht als Bild, vielleicht aber auch als Gefühl. Sie übertragen ihr Wissen und ihre Weisheit auf dich — sie schicken es
dir mittels ihrer hohen Energie zu. Es kann auch sein, dass sie
dich umgekehrt auffordern, dich in irgendeiner Form für sie
einzusetzen.

Schließe eure Begegnung ab, ganz in deinem Tempo. Und bedanke dich anschließend aus tiefstem Herzen.

Visualisiere, wie du zurück in deinen Körper steigst, damit du
— nach dieser Begegnung im flüssigen Element Wasser — wieder
gut geerdet bist und dir nicht den Kopf oder dein Knie anhaust,
wenn du aufstehst und etwas tust.

Lied der Wale

Wale kommunizieren mit ihren Gesängen über gigantische Entfernungen hinweg – bis zu 16 000 Kilometer weit reichen ihre Vibrationen. Ihre Gesänge können tatsächlich einen ganzen Ozean überqueren, da Wasser Schallfrequenzen sehr gut trägt.[12]

Ihr Schall ist dabei lauter als eine Boeing beim Start, welche 140 Dezibel erreicht. Wenn ein Mensch schreit, liegt dies bei 70 Dezibel, und alles über 120 Dezibel ist für menschliche Ohren schmerzhaft.

Die Gesänge der großen Walarten wie der des Blau-, Finn-, Glatt- oder Buckelwals klingen für unsere menschlichen Ohren wie Pfeifen, Stöhnen, Pochen, Raspeln und Brummen. Sie erreichen zwischen 155 und 190 Dezibel. Der lauteste ist dabei auch der größte – der Blauwal.

---

12 Roger Payne, Rockefeller University + The New York Zoological Society, New York; and Douglas Webb, Woods Hole Oceanographic Institution, Massachusetts.

Lichtgitternetz für die Erde

Wissenschaftler weltweit sind sich immer noch nicht einig, warum die riesigen Meeressäuger singen – ob zur Kommunikation oder nur für die Paarung, ob zur Orientierung einer Herde auf ihrer Reise durch die Ozeane oder einfach nur, um zu singen, wie auch wir Menschen es tun. Vermutlich trifft etwas von allem zu.

In vielen alten indigenen schamanischen Traditionen, in denen ich ausgebildet bin und arbeite, lernt man, dass die Großwale zu den Stützpfeilern des Universums gehören und die Energie- und Balancehalter der Erde sind. Mit ihren hochfrequenten Gesängen, die alle Weltenmeere umrunden, bilden sie dabei ein Lichtgitternetz aus Schwingungen für unseren Planeten.

Wie bereits erwähnt, ist alle Materie und auch jeder Klang Energie. Bis in seine kleinsten Bestandteile ist alles reines Licht und bewegt sich mit Lichtgeschwindigkeit fort. Vibrationen können aber im Wasser eine viel größere Distanz zurücklegen als reines Licht. Und da der Großteil der Erde mit Wasser bedeckt ist, arbeiten die Wale auf diese Weise mit ihren Frequenzen und Liedern für das Licht.

Auf ihrer alljährlichen Reise von den Polen zu den Äquatoren und zurück folgen viele der gigantischen Meeressäuger der Bahn einer unendlichen Acht. Oft schwimmen sie als Gruppe dabei in geometrischen Formationen und Mustern, die denen hydroelektrischer Strukturen ähneln.[13]

13 Whitlow W. L. Aua, Marine Mammal Research Program, Hawaii Institute of Marine Biology, University of Hawaii.

Auf dieser Route erzeugen sie mit ihren Liedern unentwegt dieses Gitternetz aus Lichtfrequenzen und kommunizieren mit unserem Planeten, um sein Gleichgewicht zu stabilisieren und ihm Halt zu geben. Sie helfen der Erde dabei, sich auf höheren Ebenen zu entwickeln, heben ihr Energieniveau und schützen sie gleichzeitig davor, in sich selbst zu kollabieren.

Ein Wal tanzt

Delfine und Wale lieben Musik. Ich habe oft beobachtet, wie sie bei schöner Musik – egal, ob live oder aus dem CD-Player – auftauchen. Ich singe auch gern für sie mit meinen Gruppen im Wasser – dann kommen sie oft. Auch der Musiker und Umweltaktivist Jim Nollmann beschreibt in seinen Erzählungen, wie er mit Musik regelmäßig mit den einfühlsamen Meeressäugern kommuniziert.[14]

Über all dies denke ich nach, weil der Kapitän des Bootes gerade eine CD aufgelegt hat und sie laut aufdreht. Wunderschöne Musik mit spanischen Texten – denn ich bin gerade in Costa Rica. Eine richtig schöne romantische Liebesballade mit einer traumhaften Melodie.

Ein paar Sekunden später taucht direkt neben unserem Boot der Wal – oder vielleicht ist es auch eine sie – auf. Der Kapitän muss gespürt haben, dass er ganz nahe ist, als er für ihn die Musik angemacht hat.

Und der Wal … tanzt dazu. Er rollt neben dem Boot hin und her, winkt mit seinen Flossen, hebt seinen Kopf aus dem Wasser und dreht sich in einer Pirouette einmal um die eigene Achse – und all das begleitet von der wunderschönen Latino-Schnulze.

Die Musik gefällt dem Wal eindeutig. Er rollt wieder auf seinen Rücken, und wir sehen seinen Bauch – alles direkt neben unserem Boot. Er ist so nahe, wir könnten ihn berühren. Wieder hebt er den Kopf, lauscht – und rollt sich wieder. Er tanzt.

Dann ist das Lied vorbei. Der Kapitän dreht die Musik ab. Stille. Auch der sanfte Meeressäuger taucht ab, verschwindet in der nachtblauen Tiefe. Für dieses eine Lied ist er zu uns gekommen und hat dazu – vielleicht auch für und mit uns – getanzt. Er hat uns gezeigt, wie man so schöne, romantische Liebesmusik zelebrieren kann – und hat uns dabei zutiefst im Herzen berührt.

14 Jim Nollmann: *The Man Who Talks to Whales.*

Buckelwal:
Telepathische Kommunikation

Ich folge meinen Träumen und Visionen, den telepathischen Botschaften von den Walen, Delfinen und anderen Helferwesen.

Alte schamanische Traditionen sagen, dass die Wale ihr Lied auch für uns Menschen singen – sie singen von ihrer Liebe und Weisheit. Viele Menschen berichten davon, durch Träume, Visionen und gechannelte Botschaften von den Walen und Delfinen gerufen zu werden. Wenn du also ihren Ruf vernimmst, bildest du dir das nicht ein, es ist real, denn die Wale und Delfine kommunizieren telepathisch mit uns, indem sie mit ihren Hochfrequenztönen piktographische Hologramme – Bilder mit Energieinformationen – an uns senden. So kommunizieren sie auch untereinander. Wenn du plötzliche Eingebungen, Gedanken oder Ideen hast, erhältst du diese tatsächlich oftmals auf diese Weise von anderen Wesen, auch aus der unsichtbaren Welt, wie von Engeln und Naturgeistern. Lerne, auf diese telepathischen Botschaften zu hören.

Auch du kannst telepathisch mit ihnen kommunizieren. Aber nicht nur mit ihnen – auch mit anderen Menschen, mit der Erde oder mit den Tiere, denn alles hat ein Bewusstsein, alles ist Energie, ist Frequenz und Schwingung Im Geiste sind Wale, Delfine und alle Wesen eins, alle sind Lichtwesen. Berühre den Stern des Lichts in deinem Inneren, den Kristallkern in deinem Herzen, damit du mit deiner Seele hören und sehen kannst. Lasse dein Herz singen, so, wie die Wale singen – dann wird es Frieden auf der Erde geben. Die äußere Welt ist eine Reflektion der inneren Welt. Frieden und Schönheit beginnen in deinem Inneren und finden von da aus ihren Weg nach außen. Du musst nur dein eigenes Licht zum Leuchten bringen und wirst so als reine Freude nach außen strahlen.

Info: Buckelwal — Songlines

Das Lied der Buckelwale ist einzigartig. Die majestätischen Meeressäuger singen regelmäßig zehn bis 30 Minuten lang mit nach unten geneigtem Kopf, manchmal sogar stundenlang. Dabei wiederholen sie immer dasselbe Lied.

Faszinierend ist, dass ihr Lied in allen Ozeanen der Welt das gleiche ist, obwohl die Buckelwale der südlichen niemals direkt auf die der nördlichen Hemisphäre treffen. Jedes Jahr kommt eine neue Strophe dazu, und eine alte fällt weg.

Buckelwale erreichen eine Körpergröße von zwölf bis 18 Metern, ihr Gewicht liegt bei 25 bis 30 Tonnen. Ihre Flossen sind im Vergleich zu anderen Walen deutlich größer. Wenn man den majestätischen Meeressäugern beim Singen begegnet – sie bewegen sich dabei nicht von der Stelle, und nur ihre riesigen Flipper bewegen sich ganz leicht, um ihre Position zu stabilisieren – wirken sie mit ihren weißen Flossen wie Engel.

Übung: Botschaft der Wale

Komme zur Ruhe. Wenn du magst, schließe deine Augen, du kannst sie aber auch offen lassen.

Nimm jetzt telepathisch Kontakt mit den Buckelwalen auf. Dafür rufst und begrüßt du sie. Vielleicht siehst du dabei vor deinem inneren Auge einen oder mehrere der grandiosen Meeressäuger. Wenn du nicht so der visuelle Typ bist, kannst du auch nur wahrnehmen, wie sie zu dir schwimmen, ohne  sie bildlich zu sehen, Frage die Wale, was sie dir zeigen oder sagen wollen. Wenn du nicht verstehst, was sie dir mitteilen wollen, frage genauso nach wie in einem Dialog mit einem Menschen. Lasse dabei alle Gefühle, Gedanken und Bilder zu, ohne zu versuchen, sie zu kontrollieren. Du kannst nachher darüber nachdenken.

Du kannst die Buckelwale alles fragen, auch konkrete Dinge, und sie bitten, dir bei der Erfüllung deiner Wünsche zu helfen. Als die Lichtarbeiter, die sie sind, geben dir die Engel der Meere gern Hinweise und Antworten. Nimm dir Zeit, um mit ihnen auf diese Weise telepathisch zu kommunizieren.

Wenn du Antworten auf deine Fragen bekommen hast, bedanke dich schließlich, verabschiede dich, und komme in deinem Tempo wieder zurück in deinen Alltag.

Geheimnis der Wale und Mythologie

Walfisch-Mythen kommen überall auf der Erde vor. Das hat sicherlich mit der ungeheuren Größe der Meeressäuger zu tun, die die Menschen ängstigte.

Dabei beinhalten diese Legenden wesentlich mehr als die bloße Angst vor einem riesigen Seeungeheuer: Sie sind oftmals Geschichten von der Reise, den inneren Dämonen und der dunklen Seite der Seele zu begegnen, ähnlich wie bei den Drachen-Mythen. Wer den Drachen oder den Wal – also die inneren Schatten – kennenlernt und besiegt, erhält echte Größe und versteht es, wahrlich zu leben.

In vielen Walfisch-Geschichten werden Menschen vom Wal verschlungen und leben eine Zeit in dessen Bauch, bevor sie wieder geläutert »ausgespuckt« werden. Bekannte und neuere Abwandlungen dieses Mythos sind der Roman von Herman Melville *Moby*

Dick – Der Wal und Ernest Hemingways Novelle *Der alte Mann und das Meer*. Der bekannteste Walfisch-Mythos findet sich in dem etwa 300 vor Christus entstandenen »Buch Jona«: Drei Tage lebt Jona im Bauch des monströsen Meeressäugers und wird anschließend ans Land gespien.

Wie bei einer schamanischen Visionssuche – einem Ritual, bei dem man auf Essen und Gesellschaft verzichtet und sich auf sich selbst besinnt –, sind das Innere des Wals ein Ort der Stille und seine Gesänge eine gute Hilfe zum Rückzug und zur Selbstfindung.

Die riesigen Engel und Heiler der Meere sind auch Bindeglieder zu versunkenen Kontinenten wie Lemuria und Atlantis (siehe das Kapitel »Lemuria und Atlantis« auf Seite 206). Da Wale die ältesten Säugetiere der Welt sind und ihre Weisheit und ihr Wissen das aller anderen Lebewesen auf Erden übertrifft, hat sie die spirituelle Welt dazu auserwählt, die verschwundenen Wege zu den versunkenen Kontinenten zu kennen und diese zu bewachen.

In manchen Mythen heißt es sogar, dass die Wale beim Untergang von Lemuria und Atlantis vom Land ins Wasser zurückgekehrt und deshalb die Weisheitsträger dieser alten Zivilisationen seien.

Narwal – Einhorn der Meere: Intuition

Ich weiß intuitiv, was zu tun ist. Meine innere Führung ist mit der Quelle von allem, was ist, verbunden.

Der Narwal kann bis zu eineinhalb Tonnen wiegen. Ohne seinen Stoßzahn misst er vier bis fünf Meter. Das Horn selbst wird zwei bis drei Meter lang. Dieser Stoßzahn war der Ursprung vieler Geschichten über Einhörner im Mittelalter. Man glaubte, dass er über wundersame Heil- und Zauberkraft verfügt. Es gibt darüber viele Legenden, und sein Horn wurde wie Gold gehandelt.

Unter dem Mikroskop kamen Forscher schließlich den magischen Kräften des Einhorns auf die Spur: Der Zahn ist bis zur Oberfläche mit vielen Millionen Nervenkanälen durchsetzt, was ihn extrem empfindlich macht – ähnlich wie ein offener Zahnhals beim Menschen. Obwohl scheinbar hart und massiv, arbeitet der Stoßzahn wie eine Membran mit einer sensiblen Oberfläche, die Veränderungen der Wassertemperatur, des Wasserdrucks und die Konzentration chemischer Substanzen registrieren kann. Er kann kleinste Regungen von Beutefischen wahrnehmen und die Zusammensetzung des Wassers analysieren.

Als eine Art allwissendes Werkzeug hilft das Einhorn dem Narwal beim Überleben in der extremen Umwelt der Arktis. So kann er im Nordpolargebiet leben und von allen Meeressäugern am weitesten in die Kälte schwimmen.

Weisheit

Die Wale gehören zu den ältesten Lebewesen auf unserer Erde und gelten deshalb in vielen Kulturen als das Gedächtnis der Welt und als die Hüter der Zeit. Sie fungieren dabei als eine Art Bibliothek des Elementes Wasser, indem sie die Chroniken unseres blauen Planeten darstellen – das Bewusstsein der Erde von allem, was jemals geschehen ist und geschehen wird, mit allen Erfahrungen und der Geschichte des gesamten Kosmos.

In einer hinduistischen Geschichte beauftragt der Schöpfergott Brahma, Vishnu, den Erhalter des Universums, die Erde neu zu schaffen. Dazu muss er jedoch die geheimnisvollen Bücher, die Veden bergen, die am Boden des Meeres liegen. So verwandelt Vishnu sich in einen Wal und holt, in die Tiefe eintauchend, die heiligen Bücher zurück. Er bringt sie nach oben ans Land und gestaltet mit deren Wissen die Welt.

Wasser enthält alle Informationen unseres Planeten und des Universums. Die weisen Meeressäuger greifen auf sie zu und senden sie uns durch ihren Gesang und ihre Frequenzen, die unseren Seelenkern durch- und in unsere DNS eindringen. Viele Legenden erzählen, dass eine wunderschöne, sanfte, liebliche Frau im Inneren des Wales lebt – sie ist seine Seele, die das alte Wissen hütet und so schön singt.

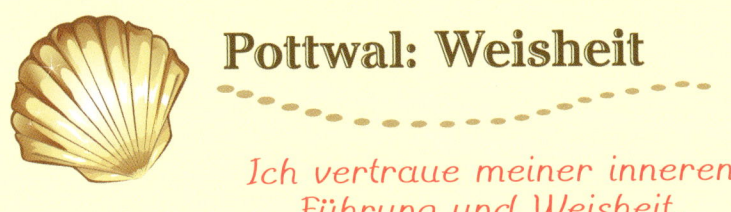

Pottwal: Weisheit

Ich vertraue meiner inneren Führung und Weisheit.

In den Walen spiegelt sich das Wissen wider, das wir alle in uns tragen. Der Wal fordert dich auf, in die Tiefe deiner Seele hinabzutauchen und dort alle Erkenntnis zu finden. Weit unten findest du Antworten auf deine Fragen. Dort gehst du den Dingen auf den Grund, dort lässt dich der Wal an seiner Weisheit teilhaben.

Folge dem Heiler der Meere. Du erlangst mit seiner Hilfe Urvertrauen zurück und kannst innere Wunden heilen. Er ist ein kraftvoller und zugleich sanftmütiger Begleiter, der dich durch die Tiefen der Ozeane zurück zu dir selbst führt. Er führt dich zur ewigen Weisheit, die in dir schlummert und die du wieder aktivieren kannst. Höre den Größten auf der Erde gut zu.

Info: Pottwal

Der Pottwal taucht von allen Walen am tiefsten – bis zu 3000 Meter tief – und kann dabei zwei Stunden auskommen, ohne zu atmen. Er schwimmt so weit hinunter, um Riesenkalmare zu finden, die bis zu 20 Meter groß werden können.

Pottwale sind Zahnwale und Jäger. Sie erreichen eine Länge von 18 Metern und ein Gewicht von bis zu 50 Tonnen. Dadurch sind sie die größten bezahnten Tiere der Erde. Ihre Zähne sind große, spitze Hauer, die bis zu 20 Zentimeter lang und zehn Zentimeter breit werden können.

Kennzeichnend für Pottwale ist ihr enormer, fast quadratischer Kopf, der hauptsächlich von einer fett- und wachshaltigen Substanz ausgefüllt wird. Diese bewirkt, dass die kraftvollen Meeressäuger dem enormen Druck bei mehreren 1000 Metern Wassertiefe standhalten können.

Übung: Weisheit

Wenn du dich deiner inneren Weisheit bedienen möchtest, ist es hilfreich, zunächst einmal still zu werden. Beruhige dafür deinen Verstand, übergib alle Sorgen und Gedanken der Weite des Meeres. Dann, in der Ruhe, kannst du auf alle Weisheit zugreifen.

Lasse dich jetzt mit den Pottwalen in die Tiefe des Ozeans tragen. Schließe dazu deine Augen, oder behalte sie offen, ganz wie du möchtest. Du sinkst ganz weit hinunter, um der Quelle und deiner Weisheit zu begegnen. Am Grund des Meeres begegnest du deiner Stille und kannst ihr zuhören.

In deinem Inneren weißt du um alles, was wichtig ist: deine nächsten Schritte und wie du dich weiterentwickeln kannst. Frage auch die Wale nach ihren Impulsen, und nimm wahr, was sie dir sagen oder zeigen.

Lasse dich nun in dein Herz sinken, ganz tief hinein. In der Tiefe deines Herzens, in der Tiefe deiner Seele kannst du deiner Weisheit lauschen. Diese ist immer mit dem Herzen verbunden — denn nur durch das Herz wird Wissen zu Weisheit.

Erlebe dabei, was die Wale dir zur Unterstützung deiner Herzkraft geben oder zeigen. Dazu gehört auch, für andere da zu sein: Was gibst du den Walen zurück?

Bedanke dich schließlich bei deinen ozeanischen Begleitern. Komme nun in deinem Tempo zurück, und nimm dich wieder in deiner Welt und deiner Umgebung wahr.

Legenden

Die Mythologie der Maori erzählt, dass die ersten Ahnen auf dem Rücken eines Wals, dem Gott Paikea, aus Ost-Polynesien ins »Land der großen weißen Wolke«, Aotearoa, geritten sind. Im äußersten Osten Sibiriens erzählt man sich zudem, dass Rëu der Vater der Menschheit sei, der sich von einem Wal in einen Menschen verwandelt hatte.

Auch in Vietnam werden die hoch entwickelten Meeressäuger traditionell geehrt. Wenn ein Wal tot aufgefunden wird, begraben ihn die Menschen an Land in einem eigens für ihn errichteten Schrein. Tausende Trauernde kommen von überall her, um den Tod des riesigen Weisen zu ehren, da sie ihn als Teil ihrer eigenen Familie betrachten.

Seit jeher nimmt der Wal bei den Menschen eine zentrale Rolle ein – egal, ob er für sie das Land am Rücken trägt, durch seine Größe eine Insel symbolisiert oder aus seinem Maul die Kontinente herauskamen. So gilt er in vielen Kulturen als »Weltenfisch« und »Stützpfeiler des Universums«, der unmittelbar an der Schöpfung der Welt beteiligt war.

Der Wal und die Mondin

Diese polynesische Legende ist in unterschiedlichen Variationen von Neuseeland über die vielen Südsee-Inseln bis nach Hawaii hin zu finden:

Tinirau, der polynesische Gott der Ozeane und Wale, heiratet darin Hina, die Mondgöttin. Es ist eine tiefe, in alle Ewigkeit anhaltende Liebe. Zudem sichert sie ihm und seinem Stamm immer genügend Fische als Nahrung. Die beiden sind nicht nur Gottheiten, sondern können auch in menschlicher Form existieren. Dabei besitzen sie die Fähigkeit, sich zu verwandeln – in Wale, Fische, das Meer oder den Mond –, um den Menschen zu helfen oder sich gegenseitig als Liebespaar zu beeindrucken.

Tinirau hat einen ganzen Stamm an Delfinen und Walen im Ozean, die ihm Untertan sind. Wenn er sie ruft, kommen sie, um vor Hina zu springen und ihr ein Lied zu singen. So demonstrieren sie Tiniraus Kraft, damit Hina ihn weiter bewundert.

Da das Liebespaar in ewiger Liebe miteinander verbunden ist, gibt es natürlich auch jede Menge Dramen, wie sie sowohl unter den Menschen als auch in allen Götter-Mythologien, wie etwa bei den Griechen oder Germanen, vorkommen. Dabei werden von verschiedenen Personen Intrigen gesponnen, es wird gemordet und gemobbt.

Am Ende gewinnt aber immer die Liebe. Tinirau und Hina bleiben zusammen und sorgen so sowohl für das Wohlergehen der Menschen als auch für die urmännlichen und urweiblichen Archetypen.

Migration der GROSSEN Wale

Wale unternehmen mit über 10 000 Kilometern die längsten Wanderungen aller Säugetiere an Land und im Meer. Ihre Reisen in die Weiten der Ozeane dauern in jede Richtung – in der nördlichen Hemisphäre Nord-Süd-Nord und in der südlichen Heimsphäre Süd-Nord-Süd – Monate und finden in der Regel zweimal pro Jahr statt. Sie verbringen die Zeit der Paarung, der Geburt und der Aufzucht ihrer Jungtiere in warmen tropischen und subtropischen Gewässern. Anschließend ziehen sie in die kalten, nährstoffreichen arktischen und antarktischen Gebiete, um nach Nahrung zu suchen. Einige Arten reisen aber auch kürzere Strecken. So folgt etwa der Narwal auf seiner Migration der Packeisgrenze.

Wale kennen ihre Routen intuitiv. Sie navigieren anhand des Leuchtens der Sterne und der elektromagnetischen Strömungen der

Erde, die durch die Dynamik der Planeten und des Universums erzeugt werden. Da sie meistens dieselben Wege nehmen, kann man ungefähr vorhersagen, wann man sie wo beobachten kann.

Doch nicht immer reisen die riesigen Meeressäuger auf denselben Strecken. So schwimmen manche, wie etwa einzelne männliche Pottwale, sogar von einem Ozean in den nächsten, ohne einem bestimmten Muster zu folgen. Ein Pottwal kann in seinem etwa 70 Jahre andauernden Leben locker mehrmals die Erde umrunden.

Obwohl sie derart lange Wanderungen vollbringen, kriegen Wale nicht genug vom Reisen. Sogar in den Wintermonaten, während der Zeit der Geburt und Aufzucht der Jungen in den warmen subtropischen Gewässern, bewegen sie sich häufig von einem Ort zum nächsten. Warum das so ist, darüber rätseln die Wissenschaftler.

Meine Vermutung dazu ist, dass sie sich gegenseitig besuchen – so, wie auch wir Menschen dies tun. Wale und Delfine sind schließlich sehr soziale Tiere mit hoch entwickelten Gesellschaftssystemen. Die geselligen Meeressäuger lieben es, zusammen zu sein. Ich habe häufig beobachtet, wie verschiedene Wal- und Delfingruppen gemeinsam schwimmen.

Wie alle ihrer Art, versammeln sie sich regelmäßig. Sie helfen einander. Die Delfine beteiligen sich sogar als Hebammen an den Geburten der Wale und unterstützen sie (siehe das Kapitel »Delfin-Hebammen«). Sie schwimmen den Walen sogar entgegen, wenn sie jährlich in die warmen tropischen Gewässer anreisen – und begleiten sie ein paar Monate später wieder ein Stück auf ihrem Weg zurück.

Grauwal: Reiselust

*Ich bin neugierig und offen für
diese wunderschöne Welt.
Ich werde vom Strom
des Lebens getragen.*

Wale inspirieren dich zu reisen.
Was wolltest du schon immer
einmal machen? Welchen Ort
willst du kennenlernen? Zögere
nicht. Was auch immer es ist,
was du neu beginnen möchtest:
Jetzt ist der richtige Zeitpunkt!
Der Einzige, der es verwirklichen
kann, bist du.

»Gehe einmal im Jahr an einen Ort, an dem du noch nie zuvor gewesen
bist«, sagte schon der Dalai Lama. Indem du neue Orte besuchst und
Dinge tust, die du niemals zuvor getan hast, öffnest du dich für die Weite und Freiheit, die du in dir trägst. Du verlässt alte Wege und erweiterst
deinen Horizont. Du wirst toleranter.

Mit dieser mutigen Offenheit kannst du das Neue und die Unterstüt-
zung, die du dafür benötigst, empfangen. Dabei begleiten dich deine
Schutzengel und Helferwesen. Es sind liebevolle Begegnungen, die dir
Sicherheit, Schönheit und Fülle geben.

Info: Grauwal

Von der Arktis nach Mexiko und zurück: Grauwale legen jedes Jahr bis
zu 20 000 Kilometer zurück. Damit
halten sie den Langstreckenrekord
nicht nur unter allen Walarten,
sondern auch unter allen Säugetieren. Von ihren Nahrungsgründen
im Nordpolarmeer wandern sie zu
den warmen Lagunen Mexikos,
wo sie ihre Jungen aufziehen.

Auf dieser Wanderung zwischen
ihren Nahrungs- und Fortpflan-
zungsgebieten bilden die kraftvollen Meeressäuger Gruppen von
bis zu 16 Tieren. Sie sind dabei
äußerst soziale Wesen. So wurde
beobachtet, wie kranke oder ver-
letzte Artgenossen zum Atmen
an die Wasseroberfläche gebracht
wurden.

Grauwale erreichen eine Länge
von 13 bis 15 Metern und ein Gewicht von 25 bis 34 Tonnen. Sie
sind schiefer- bis dunkelgrau. Ihre
Lebenserwartung liegt bei 50 bis
60 Jahren. Sie sind als langsame
Schwimmer und entspannte Weit-
wanderer bekannt und erreichen
maximale Geschwindigkeiten von
acht Kilometern pro Stunde. Ge-
wöhnlich tauchen sie vier bis fünf
Minuten, bevor sie wieder zum
Luftholen hochkommen.

Der Grauwal hat zwei Atemlöcher
und kann den Blas bis zu vier Meter
hoch ausstoßen. Das ausgestoßene
Wasser-Luftgemisch dieser sanften
Riesen steigt senkrecht nach oben
und erscheint als wunderschöne,
herzförmige Nebelsäule.

Übung: Abenteuer

Setze oder lege dich ruhig hin, und schließe deine Augen. Atme tief ein und aus.

Lade nun einen Grauwal ein, dich bei dieser Meditation zu begleiten. Sieh ihn vor deinem inneren Auge, oder fühle seine beeindruckende Präsenz.

Stelle dir nun vor, wie du – begleitet von dem Wal – neue Wege in deinem Leben gehst. Probiere dabei in deiner Imagination verschiedene Möglichkeiten aus. Dabei kannst du deinen ozeanischen und weisen Begleiter um Rat und Unterstützung fragen. Stelle dir vor, wie dir alles gelingt und wie es dir dabei gut geht. Entspanne dich, und gehe vollkommen in dieses Gefühl hinein – genieße es, solang du möchtest.

Frage anschließend, ob auch du unseren größten Lebewesen in den Weltenmeeren helfen kannst, in dieser Zeit des Klimawandels und der Umweltverschmutzung zu überleben. Achte auf ihre Botschaften dazu.

Bedanke dich dann beim Grauwal und bei dir selbst.
Komme zurück, und öffne langsam wieder deine Augen.

Unser blauer Planet: Ozeanien

Gaia — Urmutter

Ein tiefes Seufzen des Erstaunens, der Rührung und der Liebe ging durch die Menschheit, als sie zum ersten Mal von außen ihren Planeten in Farbe und als Ganzes sah. Die Apollo 17 Crew nahm 1972 – auf dem Rückweg vom Mond – aus einer Entfernung von 45 000 Kilometern das erste Foto der Erde aus dem All auf. Dieses Bild einer kleinen, blauen Kugel, die verletzlich und wunderschön vor dem Unendlichen kreist, ging um die Welt.

Was die Menschheit am meisten überraschte, bewegte und worüber ausführlich berichtet wurde, war die Farbe unserer Erde: Sie war nicht braun oder grün, wie man es von der »Erde« erwartet hatte – sondern blau. Zwar gab es hier und da kleine grüne und braune Stellen – im Ganzen aber war sie blau. Und was für ein Blau: In allen Schattierungen von pastell- bis nachtblau, von türkis, weiß- bis hin zu blitzblau. Wasser und mit ihm die Farbe Blau waren überall – sogar in der Luft und in der Atmosphäre.

Zum ersten Mal sah die Menschheit von außen die durchschimmernde, zerbrechliche, zarte und unglaubliche Schönheit ihrer Heimat, ihres blauen Planeten, und erkannte: Diesen blauen Juwel gilt es zu beschützen – unser Zuhause, das zum Großteil von Wasser bedeckt ist, das Lebensblut unseres Planeten. Die Erde sollte wohl richtigerweise »Wasser« heißen.

Zeitgleich gingen die großen Umweltbewegungen richtig los: Diskussionen um Nachhaltigkeit kamen auf, Greenpeace wurde gegründet und die erste UNO Konferenz für den Umweltschutz wurde abgehalten.

Zwar findet man die Anfänge der Umweltbewegung um die Jahrhundertwende vom 19. zum 20. Jahrhundert – aber erst ab den 1970er-Jahren wurde die Öko-Bewegung ein globales und auch politisches Thema, das seitdem keinen kalt lässt.

Ich selbst war 1972 vier Jahre alt und wuchs von Anfang an mit den Bildern unseres blauen Planeten auf. Für die Menschen meiner Generation und danach ist die Erde nicht einfach nur ein Planet aus verschiedenen Elementen mit chemischen und organischen Verbindungen, sondern sie ist viel mehr: unser Zuhause, unsere Mutter, die uns Platz zum Wohnen gibt, Nahrung, Kleidung, Luft zum Atmen und Wasser zum Trinken.

Dieses Verständnis ist so alt wie die Menschheit und in allen indigenen und schamanischen Kulturen ein Teil der Lebensphilosophie. Auch die alten Griechen übernahmen es: Gaia ist in der griechischen Mythologie die Erdgöttin und Große Mutter, die personifizierte Erde und eine der ersten Götter. Ihr Name ist indogermanischen Ursprungs und bedeutet »die Gebärerin«.

Mitte der 1960er-Jahre entwickelten die Mikrobiologin Lynn Margulis und der Chemiker, Biophysiker und Mediziner James Lovelock die Gaia-Hypothese. Sie besagt, dass die Erde und ihre Biosphäre wie ein Lebewesen betrachtet werden kann. Die moderne Wissenschaft hat diese Hypothese anerkannt und stützt sich auf dieses Modell. So brachte die Gaia-Hypothese etwa wissenschaftliche Felder wie die Geophysiologie hervor, die die Landschaftsökologie in einen ganzheitlichen Kontext stellt und aufzeigt, wie alles miteinander verbunden ist.

Wasserschildkröte:
Mutter Erde

Ich bin ein Teil der Erde.
Ich vertraue dem natürlichen
Strom des Lebens, der mich trägt.

In vielen alten Kulturen ist die Schildkröte das Symbol für Mutter Erde – die Urmutter, die im Wasser schwimmt, und auf deren Rücken die Menschen und viele andere Lebewesen ein Zuhause finden.

Unser Planet ist ein Lebewesen mit einem eigenen Bewusstsein, von der wir Menschen ein Teil sind. Wir können direkt mit der Erde kommunizieren und mit ihr zum Wohle der Gesamtheit zusammenarbeiten.

Es ist ein großes Mysterium, dass und wie eine Welt und ein Universum um uns herum existieren. Die Schöpfung ist magisch und mystisch, und wir mit ihr verbunden. Nichts ist so nährend und befriedigend wie das Gefühl, in das Leben und das Wunder all dessen eingebettet und damit verbunden zu sein – und auf seinen natürlichen Fluss zu vertrauen, voller Urvertrauen.

Info: Wasserschildkröte

Schildkröten können bis zu 200 Jahre alt und sehr groß werden. Die Lederschildkröte z. B. wird drei Meter groß und 900 Kilogramm schwer – die Maße sind vergleichbar mit der Länge und dem Umfang eines Sportautos.

Die ersten Meeresschildkröten haben sich vor etwa 200 Millionen Jahren aus landlebenden Schildkröten entwickelt. Sie ernähren sich von Krebsen und Quallen, die sie bei ihren langen Tauchgängen jagen. Ihr Stoffwechsel wird beim Tauchen stark herabgesetzt, und ihr Blut reichert sich mit Kohlendioxid an, ohne ihnen zu schaden.

Die friedlichen und sympathischen Meeresreptilien legen jährlich weite Strecken auf ausgedehnten Wanderungen zurück. Dabei folgen sie den Wasserströmungen und orientieren sich – wie die Wale – mittels des Magnetfeldes der Erde.

Die Paarung der Meeresschildkröten findet auf dem offenen Ozean statt. Danach suchen die Weibchen zielstrebig und ausschließlich ihren Geburtsstrand auf und legen dort ihre Eier ab.

Übung: Urvertrauen

Lege dich hin, und schließe deine Augen. Atme entspannt. Nimm dabei wahr, ob du dich wohlig warm und im Vertrauen mit dem Leben fühlst — oder irgendwie nervös oder angespannt bist. Bewerte dein Gefühl nicht, lasse es einfach zu, so, wie es ist.

Nun stelle dir vor, dass du eine Meeresschildkröte bist — mit einer weichen Unterseite, einem großen Panzer und Flossen. Wie fühlt sich dein Körper dabei an, während du durch das Meer schwimmst? Wie schaust du in die Welt? Was nimmst du wahr?

Schwebe als Meeresschildkröte entspannt im Wasser dahin, mache es dir ganz gemütlich. Lasse dich ganz in das Gefühl der Geborgenheit des Ozeans fallen. Du siehst dabei die Fische und Korallen um dich herum und bemerkst ihre Schönheit. Du lässt dich im Urvertrauen dahintreiben.

Genieße diese Entspanntheit. Wenn du dabei einschläfst, genieße auch das.

Werde nun wieder zum Menschen. Öffne in deinem Tempo die Augen. Nimm dabei das Gefühl der Entspanntheit und des Urvertrauens in deinen Alltag mit.

Wasser: Quell allen Lebens

Entstehung der Meere

Die Hälfte des Ozeanwassers befand sich bereits im Erdinneren, als unser Planet vor rund 4,5 Milliarden Jahren als glühender Feuerball entstand. Den Erdball umhüllten zu dieser Zeit Helium und Wasserstoff, und er hatte eine rein flüssige Oberfläche.

Mit der Abkühlung der Erde bildete sich eine feste Kruste und die Temperatur fiel unter 100 Grad Celsius. Während der Abkühlung regnete es durch den entstehenden Wasserdampf mehrere Millionen Jahre – die ersten Meere entstanden. Das restliche Wasser brachten unzählige auf die Erde einschlagende Kometen mit sich.

Auf dieser fruchtbaren Grundlage konnten sich Pflanzen und Tiere entwickeln. Das Leben in den Ozeanen entstand dabei vor über einer Milliarde Jahren aus primitiven Zellen.

Eine unermessliche Vielfalt an Lebewesen existiert heute im Wasser – von mikroskopisch kleinen Existenzformen bis hin zu den größten Tieren der Welt.

Korallen – Blumentiere: Schönheit

Ich nehme die Schönheit um mich herum mit allen Sinnen wahr.

Die Blumentiere sind mit etwa 7 500 Arten die größte Klasse der Korallen. Ihre Bezeichnung als »Blumentiere« leitet sich von der Vielfalt ihrer lebhaften Farben und schönen Formen ab, durch die sie die Menschen verzaubern.

Da Korallen meistens am Meeresboden festgewachsen sind, gerät man leicht in Versuchung, sie für Pflanzen zu halten. Doch es handelt sich bei Korallenstöcken um eine verzweigte Ansammlung von einzelnen Tieren. Sie sind ein unentbehrlicher Teil des Ökosystems und geben tausenden Arten von anderen ozeanischen Bewohnern ein Zuhause.

Das globale Förderband

Ohne Wasser ist kein Leben möglich, und die Ozeane sind dabei die treibende Kraft. Meeresströmungen transportieren Nahrung, Wärme und Sauerstoff.

Das sogenannte globale Förderband – wissenschaftlich die thermohaline Zirkulation – ist die größte und wichtigste Meeresströmung. Sie besteht aus einer Verknüpfung – wie etwa dem Kanarenstrom mit dem Nordäquatorialstrom und dem Golfstrom –, das die Ozeane miteinander verbindet, und sich dabei zu einem Kreislauf globalen Ausmaßes vereint.

Das globale Förderband benötigt für eine Erdumrundung etwa 1 000 Jahre. Vor 250 Millionen Jahren setzte es einmal aus. Das Resultat war das Eiszeitalter – mehr als 90 Prozent aller Lebewesen starben.

Das Meer produziert zudem etwa 75 Prozent des Sauerstoffs, den die Menschen atmen, und ist damit ein weiterer der bedeutendsten Faktoren für das Leben.

Pflanzliches Plankton und Algen spalten die im Meer enthaltenen Mineralsalze und den Kohlenstoff bei Sonnenlicht auf. Übrig bleiben Sauerstoff und organische Stoffe, die vielen Fischen als Nahrung dienen.

Evolutionsgeschichtlich entwickelten sich die ersten lebenden Organismen im Wasser. Noch heute vollzieht jeder Einzelne von uns diese Entwicklung von der Zelle zum Individuum: Bis zu unserer Geburt schwimmen wir neun Monate im mütterlichen Fruchtwasser.

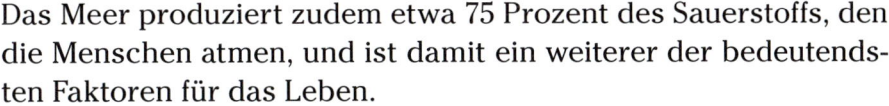

Wasserrituale: Kult und Kur

Wasser hält die Zellen jung und bringt das Blut zum Fließen. Durch unser Gehirn strömen täglich 1 400 Liter Wasser, durch unsere Nieren sogar 2 000 Liter – ungefähr so viel wie zwölf gefüllte Badewannen.

Die gesunden Eigenschaften des Wassers sind wissenschaftlich belegt und erforscht. Darüber hinaus fühlen wir uns dem feuchten Element auf geheimnisvolle Weise seelisch verbunden. Beim Rauschen des Meeres oder beim Plätschern einer Quelle entspannen wir uns automatisch. All dies zusammen macht Wasser zu einem wahren Jungbrunnen.

Seit frühesten Zeiten kennen die Menschen Wasserrituale. Einen wahren Kult dazu betrieben die Römer. Sie schwelgten stundenlang in Badetempeln mit lauwarmen, kalten und heißen Wasserbecken und Dampfsaunen. Ob die Schwimmwettkämpfe der Germanen, orientalische Bäder – *Hammams* – oder die Schwitzhütten indianischer Schamanen – meist sollte mit dem Körper auch die Seele reingewaschen werden.

Die Arbeit mit den Elementen ist ein wesentlicher Teil vieler Heilungstraditionen. Jedes ist in unserem Körper zu finden und verkörpert gewisse Qualitäten und Kräfte.

Das Wasser symbolisiert dabei die Gefühle und den Fluss des Lebens. Wenn Wasser gestaut ist, verschlammt es – oder friert ein. Vergleichbar sieht es in uns Menschen aus: Wenn wir in unseren Emotionen blockiert sind, haben wir das Gefühl, erstarrt oder angestaut zu sein. Ist das Wasserelement aber in uns im Fluss, dann sind wir offen, empfangen neue Ideen und Eingebungen und vertrauen dem Strom des Lebens.

»Lass deinen Geist still werden, wie einen Teich im Wald,« sagte schon Buddha im Jahre 500 vor Christus. »Lass trübes Wasser zur Ruhe kommen, dann wird es klar werden.«

Schwitzhütte – schamanische Reinigungszeremonie

Ich gehe seit ich 20 bin regelmäßig zu Schwitzhütten, und bin darüber hinaus darin ausgebildet, diese zu leiten und zu lehren. Die Schwitzhütte ist ein kleines, rundes Gebäude aus Zweigen, das mit mehreren Stoffschichten bedeckt ist. In der Mitte befindet sich ein Loch im Boden, in das glühend heiße Steine gelegt werden, die von einem großen Feuer vor der Hütte stammen. Auf diese Steine werden Kräuter gestreut und heißes Wasser gegossen.

Im »inipi«, wie die Schwitzhütte von den nord-amerikanischen Ureinwohnern genannt wird, stärken und reinigen wir den Körper von innen. Wir beten für unsere eigene Gesundheit, aber auch für die Gesundheit anderer Menschen und der der Erde – für die ihrer Pflanzen, Steine und Tiere. Wir bitten darum, dass all das heil wird, was wir der Erde und einander antun: Gewalt, Kriege, Unwahrheiten – damit die Liebe wieder fließen kann. In der Hütte ist es stockdunkel, voller Menschen, feucht und dampfend heiß. Die Schwitzhütte symbolisiert die Gebärmutter von Mutter Erde, einen heiligen Raum. Indem wir ihn betreten, schwitzen und beten, werden wir gereinigt und wiedergeboren wie ein Baby. Der Verstand, der Körper, die Gefühle und die Seele werden auf Null gesetzt: Man ist gut, voller Liebe, liebenswert. und man wird geliebt.

Wir sitzen alle in einem Kreis. Jede Person hat etwas anderes zu geben und zu lernen, auch der Wassergießer. In diesem Gleichgewicht sollten sich alle Anführer befinden: Politiker, Heiler, Ärzte. All diejenigen, die Wortführer und an der Macht sind. Denn das Beisammensein in der Schwitzhütte bedeutet, dass sich alles in Harmonie mit der Quelle befindet: Wir sind ein Kreis, ohne Anfang, ohne Ende.

Mantarochen – Engelsflügel: All-Eins

Die Weite der Meere und die spirituelle Welt unterstützen jeden, der wahrhaftig nach Heilung, Ganzheit und Wahrheit sucht.

Richte deine Aufmerksamkeit in die Weiten des Ozeans und des Universums. Von dort unterstützen dich heilende Impulse. So spürst du intuitiv, dass deine nächsten Schritte im Einklang mit allem sind. Denn jede Situation enthält bereits die Lösung.

Deine gegenwärtige Lage entwickelt sich positiv weiter. Du wirst von Glück und Segen begleitet. Ob es innere oder äußere Entwicklungsschritte sind – du kennst den Weg.

Falls du zweifelst oder grübelst, nimm dir eine Auszeit, um wieder klar sehen zu können. Mache eine Pause. Gehe schwimmen oder spazieren, bewege dich. Lege das, was dich beschäftigt, erst einmal beiseite, und warte, bis du es wieder aus einer frischen Perspektive betrachten kannst. Mit diesem neuen Blickwinkel erkennst du dann klar, was zu tun ist. Wenn du entspannt bist, fällt es dir leichter, mit dem Ganzen verbunden zu sein und deutlich zu sehen.

Info: Mantarochen – Engelsflügel

Mantas haben keine Stimmen wie etwa Delfine und Wale, sondern sie kommunizieren mittels von Geräuschen, die sie mit ihren Flügeln erzeugen – indem sie die Strömung brechen oder auf das Wasser schlagen.

Riesenmantas können eine Spannweite von neun Metern und ein Gewicht von zwei Tonnen erreichen. Im Gegensatz zu vielen anderen Rochenarten besitzen sie keinen Giftstachel. Wie die großen und friedlichen Bartenwale ernähren sie sich ausschließlich von Plankton.

Mantarochen sind Menschen gegenüber meistens sehr zutraulich und mit Abstand die sozialsten Fische. Durch dieses ausgeprägte soziale und zutrauliche Verhalten unterscheiden sie sich von allen übrigen Arten. Sie haben ungewöhnlich große Gehirne, deren Abmessungen denen einer Apfelsine gleichen. Das ist enorm viel für einen Fisch. Man kann sich gut vorstellen, dass es in solchen Gehirnen vielfältiger, bunter und empfindungsstärker zugeht als in den winzigen Gehirnen z. B. von Haien – und selbst diese gelten schon als relativ klug.

Übung: All-Eins

Lege oder setze dich in einer ruhigen Umgebung hin. Schließe nun deine Augen, und entspanne dich, atme tief ein und aus.

Bitte nun einen Manta, zu kommen und dich mit seinen Engels-flügeln zu unterstützen, deine Verbindung mit allem zu finden. Sieh oder spüre, wie er majestätisch heranschwebt. Vielleicht nimmst du sogar auf seinem Rücken Platz.

Richte nun deine Aufmerksamkeit auf dein drittes Auge zwi-schen deinen beiden Brauen. Nimm – über dein drittes Auge als Sensor – die Weite der Meere und des Universums wahr. Atme diese Unendlichkeit über dein drittes Auge ein. Fühle da-bei auch die Tiefe der Meere.

Du kannst alle Fragen stellen, die dich beschäftigen. Die Antwort kommt über das dritte Auge zu dir – als Bild, Geistesblitz oder klarer Gedanke. Auch den Mantarochen kannst du um klare Hinweise bitten. Vielleicht bittet dieser Engel der Meere auch dich um etwas, das du für ihn und die Ozeane tun kannst.

Nimm dir die Zeit, solang du willst, zusammen mit dem Mantarochen durch die Wei-ten der Meere zu schwim-men. Bedanke dich schließ-lich beim Manta.

Komme in deinem Tempo wie-der in deinen Alltag zurück.

Muttersprache der Erde

Der menschliche Körper besteht zur Mehrheit aus Wasser. Dieses Element ist uns sehr nahe und vertraut: Wir verstehen die »Sprache« des Wassers instinktiv. Denn – so hat die Forschung gezeigt – Wasser kommuniziert und denkt.

Wasserkristalle – durchschimmernd und bestehend aus Wasserstoff und Sauerstoff – ändern ihre Form, je nachdem mit welcher Schwingung oder Information sie in Kontakt kommen. Wasser ist nämlich die einzige chemische Verbindung auf der Erde, die in der Natur als Flüssigkeit, als Festkörper und als Gas vorkommt. Somit ist es sehr wandelbar, man könnte sagen »feinfühlig«, da es sich leicht durch ganz geringe Impulse verändern kann.

Die Erforschung des Gedächtnisses und des Informationsträgers Wasser reicht weit zurück. Schon die geistliche Heilerin Hildegard von Bingen beschäftigte sich im 11. Jahrhundert damit und seitdem Wissenschaftler in allen Epochen. Die aktuellste Forschung dazu findet unter der Leitung von Prof. Dr. Ing. Bernd Kröplin an der Universität Stuttgart statt. Der Wissenschaftler und sein Team haben in über zehn Jahren mehr als 10 000 Fotos in ihrer Wasserdatenbank gesammelt und Bücher (z. B. *Die Welt im Tropfen*) über ihre Ergebnisse veröffentlicht.

Alle Forschungen konnten zeigen, dass unterschiedliche Einflüsse die Struktur der einzelnen Wassertropfen auf eine jeweils bestimmte Weise verändern. Das Fazit der Wissenschaftler: Wasser speichert Informationen und bildet diese ab, dabei erzeugt es reproduzierbare Bilder – die nutzbar sind.

Und wie kommt es zu diesem Gedächtnis des Wassers? Über die sogenannten Clusters, instabile Gebilde aus einer Vielzahl von

Wassermolekülen, die lose über Wasserstoffbrücken miteinander verbunden sind. Im Wasser gelöste Stoffe oder Schwingungen beeinflussen diese Clusterbildungen und so auch die Eigenschaften des Wassers.

Ganz ähnlich lautet die These von Nobelpreisträger Luc Montagnier: Er veröffentlichte 2010 ein Papier, in welchem er seine Entdeckung beschreibt, dass Wasser in der Lage ist, die Frequenz und Information gelöster DNA zu speichern – und diese Information zu halten, selbst wenn die gelösten Moleküle entfernt wurden. Auch für diesen Effekt machte er winzigste Nano-Strukturen im Wasser verantwortlich, die dazu führen, dass das Wasser eine ähnliche Schwingung aussendet, wie die ursprünglich gelöste DNA.

Das bedeutet, dass unsere Flüsse und Ozeane, selbst unser Trinkwasser, plötzlich nicht mehr bloß Wasser, sondern gewaltige Informationsspeicher darstellen – natürlich mit jeglicher Art von

Information, sowohl positiver als auch negativer. Wir sind aber in der Lage, mit den entsprechenden Informationen das Wasser umzupolen, zu reinigen und in eine höhere Schwingung zu versetzen. Dies ist insbesondere für verschmutztes und radioaktiv verseuchtes Wasser wichtig.

Dem Wasser wohnt also altes Wissen inne – das bezeugen schon die indigenen Kulturen und unzählige Legenden und Mythen. Das Meer steht für kosmisches und ozeanisches Bewusstsein, aus dem alles Leben hervorgeht. Wir lernen vom Ozean, telepathisch wahrzunehmen, wie alles miteinander verbunden ist – und aus diesem Verständnis heraus erfahren wir Frieden und Liebe.

Das Wasser durchspült uns und unsere Zellen und bringt dabei unsere Gefühle ins Fließen. Wir erleben Heilung. Die fließende Qualität des Wassers, die Weite der Meere sowie ihre zahlreichen Bewohner – das alles hilft uns dabei, uns zu öffnen und unsere Grenzen zu überwinden.

Seepferdchen: Schwerelosigkeit

*Ich nehme die Welt
multidimensional wahr und
bewege mich schwerelos und
entspannt in alle Richtungen.*

Seepferdchen selbst schwimmen kaum, sondern sie nutzen die Strömungen. Dabei helfen ihnen ihre entzückenden kleinen Flossen am Rücken und am Hinterkopf, mit denen sie steuern und sich in alle Richtungen fortbewegen können Sie können aber nicht nur vorwärts und rückwärts schwimmen, sondern darüber hinaus auch ihre Augen unabhängig voneinander bewegen. Zudem haben sie einen sehr beweglichen Schwanz: Wenn sie im Strom stehen bleiben wollen, wickeln sie diesen um etwas herum und halten sich daran fest.

Seepferdchen sind die langsamsten Fische der Welt. Sie schaffen gerade mal eineinhalb Meter in der Stunde. Da sind selbst Schnecken mit drei Metern pro Stunde schneller.

Info: Seepferdchen

Das kleinste Seepferdchen ist das Denise-Zwergseepferdchen. Es ist gerade mal 13,5 Millimeter groß – kleiner als ein Eincentstück. Das größte hingegen ist das Dickbauchseepferdchen mit 35,5 Zentimetern – größer als ein A4-Schulheft und schon eher ein Seepferd als ein Seepferdchen.

Seepferdchen haben vielfältige Farben, meist sind sie aber orange, rot, gelb grau oder grün. Hinzu kommen Muster, Streifen oder Punkte. Sie können aktiv ihre Farbe verändern, zum Beispiel, um sich zu tarnen. Wenn die wunderschönen Seepferdchen zu zweit einen Liebestanz aufführen, nehmen beide die gleiche Farbe an, um zu zeigen, dass sie zueinander gehören.

Meerjungfrauen und Wasser–Mythologie

Jeder, der das Wasser liebt, träumt davon, eine Meerjungfrau oder ein Meermann zu sein und wie ein Fisch schwimmen zu können: »Ach, wäre das nicht wunderbar – unter Wasser atmen zu können, so lange zu bleiben, wie ich mag, und flink wie ein Delfin in den Wellen spielen zu können? Seufz!«

Die Rückkehr in das Wasser, in dem wir unsere ersten neun Lebensmonate verbracht haben, die Heimkehr in den Schoß unserer Mutter, diese Sehnsucht nach dem Meer ist in uns Menschen genetisch angelegt. Und so ist es nicht verwunderlich, dass es weltweit unzählige Legenden über Meerjungfrauen gibt: die slowenische Rusalka, die hawaiianische Pali, die germanische Loreley, die Sirenen aus der griechischen Mythologie, die japanische Ningyo und viele andere mehr.

Aber sind dies wirklich nur ausgedachte Geschichten oder steckt hinter ihnen vielleicht mehr? Denn bekanntlich enthält jede Legende immer auch einen Funken Wahrheit. Gibt es Meermenschen vielleicht wirklich?

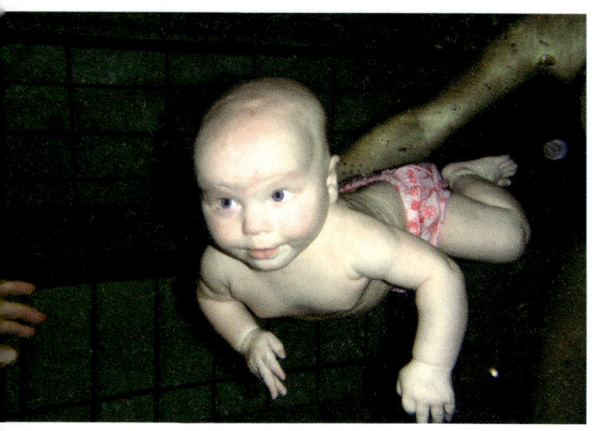

Ja, denn zumindest evolutionsbiologisch betrachtet besteht die Möglichkeit. Der Mensch kommt – wie alles Leben – aus dem Wasser und besteht zum Großteil aus diesem. In diesen Kontext gehört die Wasseraffen-Theorie. Sie besagt, dass der Mensch in seiner Vorgeschichte eine aquatische Phase erlebt hat: Unsere Vormenschen hätten sich in Flüssen oder Seen aufgehalten und sich dort im seichten Wasser zum Menschen aufgerichtet – und nicht an Land von vier Affen- auf zwei Menschenbeine. Laut dieser Hypothese sei es deswegen auch möglich, dass – während die menschliche Spezies sich aus dem Wasser weiter an Land herausentwickelt hat –, sich eine eigene Menschenspezies im Wasser weiterentwickelt hat: die Meermenschen.

Die Anfänge der Wasseraffen-Theorie finden sich 1923 beim Berliner Pathologen Max Westenhöfer. Seitdem setzen sie sich konstant bis in die heutige Zeit fort. Aktuell beschäftigt sich unter anderem der langjährige Leiter der Arbeitsgruppe für Humanbiologie und Anthropologie an der Berliner Freien Universität Professor Carsten Niemitz mit der Theorie: »Diese Liebe zum Wasser muss etwas sein, das tief in unsere Seele und unsere Vergangenheit hinab reicht«, so Niemitz, »denn der menschliche Körper zeigt deutliche Anzeichen dafür, sich an längere Aufenthalte im Wasser angepasst zu haben.«[15]

15 Arte-TV: *Die Wasseraffen-Theorie: Das Geheimnis des aufrechten Gangs*

So sei der menschliche Geruchssinn verkümmert, da er im Wasser kaum eine Bedeutung gehabt hätte. Der der anderen Säugetiere an Land sei jedoch ausgezeichnet und an die Übertragung von Duftstoffen über die Luft angepasst. Außerdem sei bei unserer Atmung die nach unten offene Nase für die Strömungsverhältnisse ungünstig – dafür aber beim Schwimmen von Vorteil, da dabei weniger Wasser eindringen könne.

Der menschliche Tauchreflex sei ein weiteres Argument für die Theorie – er verlangsamt beim Tauchen den Herzschlag und sorgt dafür, dass das Hirn vermehrt mit Blut versorgt wird. Taucht man z. B. einen Säugling unter, so wird er kein Wasser verschlucken. Säuglinge sind fähig, den Atem anzuhalten, und erlernen schnell das Schwimmen – dies sei ebenfalls eine Anpassung an das Leben im Wasser.

Der menschliche Stimmritzenkrampf – eine Verkrampfung der Stimmritze des Kehlkopfs, die das Einatmen von Flüssigkeiten selbst bei tiefer Bewusstlosigkeit verhindert und ein wirkungsvoller Schutzmechanismus ist – weise zusätzlich auf eine Zeit des Menschen im flüssigen Element hin.

Bei manchen Menschen befänden sich zudem zwischen Fingern und Zehen sehr deutliche »Schwimmhäute«, stärker als die normale Hautbespannung. Auch bei »normalen« Händen und Füßen ließen sich diese Reste von Schwimmhäuten finden, die während der aquatischen Phase erworben worden seien. Zudem sei auffällig, dass der Mensch neben den wasserlebenden Walen, Robben und Seekühen als einziges Säugetier ein wärmeisolierendes Unterhautfettgewebe besitzt.

Unsere geringe Körperbehaarung sei ebenfalls ein Indiz für die Theorie. Sie weist ein stromlinienförmiges Muster auf, welches der Richtung des umgebenden Wassers beim Vorwärtsschwimmen entspricht. Auch die spärliche Behaarung des Menschen sorgt im Wasser für einen geringeren Strömungswiderstand als Fell, und das Fell als Schutz gegen UV-Strahlen wird bei amphibischer Lebensweise weniger benötigt – außer am Kopf, wo wir Menschen am stärksten behaart seien. Und die hinten liegenden Extremitäten und die für ein ausschließlich an Land lebendes Säugetier regelabweichend großen Füße seien ebenfalls ein Argument für die Wasseraffen-Hypothese.

Als Beleg für eine marine Episode unserer Vorfahren wird auch die Salinität der menschlichen Tränenflüssigkeit gewertet. Mit einem durchschnittlichen Salzgehalt von dreieinhalb Prozent liege diese auf Niveau des Ozeanwassers. Diese Konzentration sei typisch für Meeressäuger. Erdgebundene Säugetiere hätten dagegen deutlich weniger Salze in ihrer Tränenflüssigkeit – mit Ausnahme des Elefanten, der allerdings auch von maritimen Vorfahren wie der Seekuh abstammt und im Vergleich zu anderen Landsäugern ebenfalls nur spärlich behaart ist.

Als Hinweis auf marine Vorfahren wird auch der – im Vergleich zu anderen Säugern – »verschwenderisch« hohe Salzgehalt von menschlichem Schweiß interpretiert. Er soll zur Ausscheidung überflüssiger, durch die Nahrung aufgenommener Salze gedient haben.

Und schließlich schwimmen und tauchen wir Menschen einfach zu gut – für Primaten legen wir außergewöhnliche Leistungen im Wasser hin: So sind Menschen mit einer Schwimmgeschwindigkeit von bis zu sechs Kilometern pro Stunde weitaus schneller als andere primär an landlebende Säuger. Trainiert sind sie sogar in der Lage, mehrere Kilometer weit zu schwimmen und ohne Atemgerät über 200 Meter tief zu tauchen. Auch die Tauchzeit ist mit rund einer Minute, bei trainierten Apnoetauchern sogar zehn Minuten, vergleichsweise hoch.

Möglicherweise erklärt unsere aquatische Vergangenheit auch die Freundschaft mit den Delfinen und Walen und ihre Hilfsbereitschaft uns gegenüber: Es ist unsere gemeinsame Geschichte im Wasser, deren Erinnerung in unseren Zellen abgespeichert ist.

Meerjungfrauen und die Mer: Frieden

Die Mer, zu denen neben den Meermenschen auch die Nixen gehören, sind die Hüter der Gewässer und besitzen eine hohe, universelle Intelligenz – ebenso wie die Delfine und Wale, mit denen sie viel Zeit verbringen. Deshalb werden sie meist zusammen mit den fröhlichen Meeressäugern gesichtet.

Obwohl es immer wieder und in allen Episoden der Weltgeschichte Erzählungen von Menschen gibt, die den Mer begegnet sein sollen, so sind diese dennoch unentdeckt geblieben, weil sie Furcht vor den Menschen gehabt hätten. Zu lemurischen Zeiten sollen sie allerdings mit den damaligen Menschen befreundet gewesen sein und mit ihnen sowie mit den atlantischen Einwohnern kooperiert haben.
Ihre Botschaft an uns Menschen ist Frieden und ein harmonisches Miteinander.

Die Mer sind sehr sozial und leben in Gemeinschaften tief in den Ozeanen, Seen und Flüssen. Sie ähneln ihren »mythischen« Darstellungen, auf denen sie den Rumpf und Oberkörper eines Menschen und den unteren Bereich eines Fisches haben.

Lemuria und Atlantis

Ob Poseidon, der Ozeanvater, oder Yemaya, die Meeresgöttin: Die Mythen im und über das Wasser sind unzählige und in ausnahmslos allen Kulturen vorhanden. Besonders faszinierend sind die Legenden um ehemalige Hochkulturen, die im Ozean versunken sind. Lemuria ist der Name des uralten Kontinents, der vor etwa einer Million Jahre existiert haben und 25 000 Jahre vor unserer Zeitrechnung untergegangen sein soll. Hawaii und die südpazifischen Inseln seien die letzten Überreste.

Die Bewohner von Lemuria waren hoch entwickelt. Sie besaßen eine äußerst intelligente Technologie. Ihre Körper waren mit der ursprünglichen zwölfstrangigen DNS ausgestattet, die sie befähigte, Hunderte von Jahren alt zu werden und telepathisch zu kommunizieren. Sie waren hellsichtig und lebten in Frieden und Einklang mit allem.

Irgendwann begann Lemuria Tochterreiche zu gründen, die mit der Zeit ebenso die Hüterrolle der Erde übernahmen. Eines dieser Reiche war Atlantis – auch hier lebten hoch entwickelte, sanfte und feinfühlige Menschen. Die Herrscher von Atlantis wurden jedoch mit der Zeit machthungrig und wollten alleinige Führer der Welt werden. Es kam zu einem Krieg, aus dem Atlantis als Sieger hervorging. Lemuria ging unter.

Nicht lange danach richtete sich Atlantis aber selbst zugrunde. Die Bewohner arbeiteten verstärkt mit der Kraft der Kristalle. Dabei gingen einige der Experimente, in denen es um Macht ging, schief und führten dazu, dass Atlantis ebenfalls unterging.

Heute würden sich noch viele Gebäudeüberreste im atlantischen Raum finden lassen. Und die energetischen Gleichgewichtsstörungen aus den fehlgelaufenen Energie-Experimenten und -Konstruktionen seien verantwortlich für die verdrehten Wirbel des sogenannten Bermuda-Dreiecks im Atlantik: Das spurlose Verschwinden der vielen Schiffe, Boote und Flugzeuge sei auf die unbalancierten Energiewirbel zurückzuführen, wodurch sie in andere Dimensionen oder Existenzfelder gelangt seien.

Sehr häufig glauben Menschen, sowohl in Lemuria als auch in Atlantis inkarniert gewesen zu sein. Sie konnten diesen Zyklus bewusst miterleben und daraus lernen. Heute arbeiten diese Menschen meist für Frieden und das Wohlergehen der Erde.

Reise nach Atlantis

Ich bin in die Karibik gereist, um die Delfine zu besuchen. Es ist früher Morgen, und ich sitze auf einem Katamaran. Wir fahren die Küste entlang. Ich genieße die Brise, die warme Luft, das türkisfarbene, kristallklare Wasser. Auf dem weißsandigen Grund leuchten Seesterne in Lila, Rot und Orange. Ich kann sie von oben deutlich erkennen.

Ich schließe meine Augen. Zu meiner Überraschung sehe ich sofort eine leicht durchsichtige Pyramide. Sie ist sehr groß. Ich betrachte sie genauer und erkenne, dass ihre Ecken aus Kristallen bestehen. Ich höre Geräusche, sie ähneln einem Gesang, nur dass es keine irdischen Stimmen sind.

»Delfine, da«, höre ich jemanden sagen und öffne meine Augen. Vor uns springen Delfine aus dem Wasser. Eine kleine Gruppe, sechs ausgewachsene Delfine und ein Baby. Das Segelboot macht sie neugierig und sie kommen näher, begleiten uns eine Weile.

Später auf der Reise tauchen die Bilder der Kristallpyramide erneut vor meinem inneren Auge auf, und ich beschließe, dem Kapitän davon zu erzählen. Ich weiß, dass er selbst mit Energie arbeitet.

»Honey«, antwortet er mir in seinem gedehnten Südstaaten-Dialekt, »wir befinden uns hier genau über der Straße von Atlantis. Direkt unter unserem Boot liegen auf dem Meeresgrund Steine, die von Wissenschaftlern auf ein Alter von 25 000 Jahren datiert wurden. Sie sind die Überreste von Atlantis – genauso, wie die kristallenen Lichtpyramiden, die dir erschienen ist. Auch ich habe sie schon gesehen. Das haben viele.«

Anschließend schnorcheln wir über der Straße von Atlantis, und ich sehe mit meinen eigenen Augen die riesigen Steinbrocken, die man trotz des Belags aus Algen und Korallen erkennen kann. Ich bin berührt, dass es aus dieser Zeit immer noch Überreste gibt – sowohl sichtbare als auch energetische.

Seestern:
Spirit-Wissen

*Ich trage die Weisheit der
Unendlichkeit in mir.*

Oft kann man Delfine dabei beobachten, wie sie ihre Schnauze
in Seesterne stecken, ohne diese
aber zu fressen. Auch kratzen sie
sich damit nicht. Wissenschaftler
haben dafür keine Erklärung.
Tatsächlich lesen die hochintelligenten Meeressäuger die Seesterne. Diese gelten nämlich als
Bücher, die Informationen aus
dem ganzen Universum und Er-
innerungen an frühere Leben beinhalten – an Leben auf Erden, anders-
wo im All oder in den unterschiedlichsten Dimensionen. Wenn wir in
ihnen lesen, wird auch in uns das alte Wissen wieder aktiviert.

In unseren vergangenen Leben waren wir manchmal, aber nicht immer
Menschen. Im Fall von vorherigen nicht-menschlichen Inkarnationen füh-
ren die alten Ahnenlinien mancher Menschen sogar zu den Engeln. Man
kann aber einst nicht nur ein Engel, sondern vielleicht auch eine Elfe, eine
Meerjungfrau oder ein Meermann, ein Angehöriger eines magischen
Volks, ein alter Schamane oder gar ein Sternenwesen gewesen sein.

Wenn wir eine Fähigkeit aus unseren früheren Leben freischalten, können
wir sie als Ressource auch in unserem heutigen Leben nutzen, wie etwa
die Fähigkeit zu heilen, Hellsichtigkeit, Humor, Liebesfähigkeit usw.

Info: Seestern

Seesterne erkennt man sofort: Ihr scheiben- und sternenförmiger Körper und ihre fünf Arme machen sie unverwechselbar. Ihre Sternenform enthält den Goldenen Schnitt in größtmöglicher Anzahl. Dies ist eine mathematische Formel, die im Universum und auf Erden in manchen Pflanzen, Geschöpfen und Wesen in der Natur vorkommt und für universelles Wissen sorgt.

Seesterne sind Stachelhäuter und ihr Kalkskelett schützt ihren weichen Körper hervorragend. Er besteht aus Kalkplättchen, die beweglich und durch Muskeln untereinander verbunden sind.

Die bunten Seesterne sind kopflos und haben weder ein Gehirn noch ein Herz. Sie besitzen aber ein Nerven- und ein Wassergefäßsystem, das den Körper durchzieht. Dabei nehmen Sinneszellen mechanische, chemische und optische Reize wahr, z. B. an den Armspitzen, und übernehmen so die Funktion von Augen.

Übung: Ressourcen

Lege dich an einem ruhigen Ort hin, und schließe deine Augen. Atme entspannt, und komme zur Ruhe.

Visualisiere vor deinem inneren Auge einen Seestern. Er birgt in sich eine positive Erinnerung und eine Ressource aus einem deiner früheren Leben.

Stelle dir nun vor, wie du ganz klein wirst und in den Seestern – und direkt in diese Erinnerung – hineingehen kannst.

Komme an, und nimm wahr, was um dich herum ist. Schaue auf deine Füße und Hände hinunter: Sind sie dieselben, die du vorher hattest oder sehen sie anders aus? Sind sie männlich oder weiblich, von einem Kind oder einem Erwachsenen? Welches Gewand hast du an – das heutige oder ein fremdes, gar aus einer anderen Zeitepoche?

In welchem Jahr und an welchem Ort befindest du dich gerade in der Erinnerung? Vielleicht bist du auf einem anderen Kontinent oder in einem fernen Land? Oftmals erhält man dazu erstaunlich klare Informationen.

Beobachte dein Leben damals, in einer früheren Inkarnation. Schaue, wer du warst und wie du gelebt hast. Nimm dir dafür viel Zeit.

Betrachte dabei auch deine einstigen Talente und Fähigkeiten. Bitte den Seestern, mit seiner energetischen Sternenkraft nun dieses alte Wissen und deine Ressourcen in dir im Hier und Jetzt zu aktivieren.

Bedanke dich schließlich beim magischen Seestern.

Stelle dir vor, wie du wieder zurück in deinen Körper steigst.

Atme ein paar Mal tief ein und aus, und komme in deinem Tempo wieder zurück in dein heutiges Leben.

Dunkle Kraft und Eiseskälte

Das Wasser aber birgt auch Schattenseiten. In Stürmen und Orkanen entfaltet das Meer seine Urgewalt. Monsterwellen – aus dem Nichts tauchen bis zu 40 Meter hohe Ungetüme auf – verschlingen riesige Frachtschiffe und ganze Ölplattformen Noch zerstörerischer sind Tsunamis. Mit Jet-Geschwindigkeit rollen sie über das Meer. Ihre tödliche Wucht entfalten sie aber erst, wenn sie ans Ufer gelangen.

Auch die Eiseskälte der Polarmeere ist eine solche Urgewalt: Hier herrschen Temperaturen von bis zu minus 70 Grad Celsius. Dazu wechseln sich monatelang Dauertag und Dauernacht ab. Eine Existenz unter diesen Bedingungen scheint auf den ersten Blick unmöglich – und doch haben es Tiere und Pflanzen mit faszinierenden Strategien geschafft, dieses scheinbar lebensfeindliche Gebiet am Ende der Welt zu besiedeln.

Die größte Angst vor dem Ozean, die ich immer wieder bei Menschen erlebe, ist aber die vor Haien. So ist die häufigste Frage, die mir beim Delfin-Schwimmen gestellt wird: »Und was ist mit den Haien?«

Viele Menschen kriegen verständlicherweise Angst, wenn sie in unklarem Wasser schwimmen und den Grund unter ihren Füssen nicht sehen und nicht wahrnehmen können, ob etwas aus der Tiefe zu ihnen hochkommt.

Diese dunklen Seiten des Wassers kann man aber auch als Kraft nutzen, wie z.B. die Wasserenergie zur Stromversorgung. Die Auseinandersetzung mit den eigenen Schatten, die die Ängste vor der See und seinen Lebewesen spiegelt, kann einem selbst aber auch zu ungeahnten Kräften verhelfen.

Der erste Schritt im Umgang mit den dunklen Seiten des Wassers ist immer das Einholen von Informationen – denn durch Wissen wird schon einmal viel Unsicherheit aufgelöst. Wenn ich an ein neues Gewässer reise – egal, ob ans Meer oder einen See –, informiere ich mich vorab, und vor Ort angekommen, springe ich nicht einfach in die Fluten, sondern frage bei den Einheimischen nach, die am besten Bescheid wissen: Wo ist es unsicher, wo sicher? Gibt es Strömungen, Fluten? Welche Tiere sind in dem Gewässer – und gibt es auch bedrohliche? Was gilt es zu beachten? Ich rede immer mit mindestens drei verschiedenen Menschen, die in der Gegend wohnen und mit dem Wasser zu tun haben – denn einer allein kann oft nicht alles wissen. Auch informiere ich mich vor Ort laufend über das Wetter.

Gefährliche Begegnung

Manchmal stellt der Mensch für sich selbst aber die größte Gefahr dar. So wird es riskant, wenn jemand bereits Erfahrung mit dem Wasser hat und an einem für ihn neuen Ort glaubt, schon alles zu wissen. Das erlebe ich mit einem Mann, der zu mir gereist ist, um mit den Delfinen zu schwimmen. Er ist Taucher und besitzt viel Wissen über den Ozean.

Er erzählt mir von einer Strecke entlang der Küste, die er allein abschnorcheln möchte. Er wird wahrscheinlich ein paar Stunden unterwegs sein. Mir stehen sofort die Haare zu Berge – denn diese Strecke ist nicht ungefährlich: In einem Bereich halten sich regelmäßig große Haie auf.

Darüber informiere ich ihn natürlich, aber er meint nur: »Ach was, ich bin schon oft Haien beim Tauchen begegnet.« Ich versuche, ihn dazu zu überreden, zumindest mit einem ›Buddy‹ – einer zweiten Person, wie es im Tauchjargon heißt – zu schnorcheln. Auch das lehnt er ab. Schließlich schlage ich vor, dass ich ihn begleite, aber er will »allein unterwegs sein und in sich ankommen.«

Ich gehe nach Hause, habe aber ein mulmiges Gefühl bei seiner Aktion. Da sie mir nicht aus dem Sinn geht, beschließe ich etwas später, mit dem Kajak durch die Bucht zu fahren und ihn zu suchen. Ich weiß, wo er hinschwimmt und wo er an Land eine Pause einlegt, bevor er wieder den Rückweg antritt.

Als ich dort mit dem Kajak ankomme, sehe ich schon einen kleinen Menschenauflauf und habe eine ungute Vorahnung. Ich eile hin und sehe den Mann: Seine Hände sind voller Stacheln von Seeigeln. Eine äußerst schmerzhafte Angelegenheit, die aufgrund des Gifts in den Dornen auch zu Fieber führen kann.

Er erzählt mir, dass er einem Hammerhai begegnet sei. Dieser sei ihm – neugierig wie die Meeresjäger mit dem riesigen Kopf manchmal sind – so nahe gekommen, dass er völlig verschreckt aus dem Wasser geschwommen sei. Auf dem Weg hinaus habe er nochmals zwei andere Haie einer anderen Spezies gesehen. Das habe ihm den Rest gegeben. Er wollte so schnell wie möglich aus dem Wasser an die Landstelle klettern, hatte in seiner Panik aber nicht die Seeigel beachtet, die sich auf den Steinen befanden, und voll in sie reingegriffen.

Ich bringe den Mann ins Krankenhaus. Er hat Glück: sein Erlebnis geht noch einmal glimpflich aus.

Hai: Mana – Kraft

Ich habe Kraft.

Haie sind uralte und kraftvolle Lebewesen. Es gibt sie seit 400 Millionen Jahren auf der Erde. In dieser Zeit haben sie ihren Körperbau perfektioniert, sodass sie keine natürlichen Feinde haben.

Auf Hawaii werden Haie hoch angesehen, da sie der Inbegriff von »mana« – Lebenskraft – sind. Wer dort Haie als »aumakua« – als Familientotem – hat, ist gesegnet und von guter Macht begleitet. Wenn man einem Hai im Wasser begegnet, ist dies aus ihrer Sicht ein Treffen mit einem Ahnen. Es ist Medizin und eine Energieübertragung.

Hast du vor Haien Angst, spiegelt das deine Unsicherheit gegenüber Kraft wider: Vielleicht fürchtest du starke Menschen, weil du mit ihnen einmal schlechte Erfahrungen gemacht hast, oder du unterdrückst in dir deine Kraft, weil du nicht so werden willst wie sie und du Angst hast, deine Macht ebenfalls zu missbrauchen. Dann gilt es, diese Verletzungen in dir zu heilen.

Fürchte dich nicht – du bist auf integre Weise machtvoll. Setze deine Kraft weise ein und in Verbundenheit mit allem Leben, was ist.

Info: Hai-Begegnung

Haie sind Jäger – aber wir Menschen gehören nicht zu ihrer natürlichen Beute. Wir schmecken ihnen nicht. Das ist der Grund dafür, dass Haie, wenn sie Menschen fressen, diese wieder ausspucken. Es ist daher sehr unwahrscheinlich, von einem Hai angegriffen zu werden. Weltweit ereignen sind jährlich etwa 80 Angriffe, wovon zehn tödlich enden – zum Vergleich: Durch einen Blitzschlag sterben weltweit jährlich etwa 300 Menschen.

Wenn ein Hai einen Menschen angreift, dann meist, weil er ihn mit einer Robbe oder einer Schildkröte verwechselt. Deshalb werden am häufigsten Surfer attackiert, deren Brett für den Hai von unten wie eines dieser Tiere aussieht. Auch greifen Haie an, wenn sie glauben, ihr Revier verteidigen zu müssen. Haie gibt es in allen Meeren. Wenn du viel im Wasser bist, kann es daher passieren, dass du einem Hai begegnest. Was solltest du tun? Am besten erst einmal gar nichts. Haie sind auf Reflexe programmiert. Wenn du panisch davonschwimmst, glaubt der Hai, du seiest eine Beute. Wenn du aber ruhig bleibst, schwimmt er meist von selbst wieder davon. Haie sind generell scheu, manchmal können sie aber auch neugierig sein. Sollte der Hai also näher schwimmen, versuche, dich trotzdem ruhig zu verhalten, und er wird in der Regel wieder abwenden. Dann kannst du langsam wieder zurück an Land schwimmen. Um ihn nicht unnötig zu provozieren, solltest du ihm nur dann auf die Schnauze – seinen empfindlichsten Bereich – hauen, wenn er dich angreift, was du aber mit ziemlicher Sicherheit nie erleben wirst. Bleibe bei einer Begegnung mit einem Hai also am besten ruhig, beobachte ihn, und versuche, den Anblick dieses wunderschönen Tieres zu genießen. Generell ist es aber klug, nicht in der Dämmerung oder Nacht zu schwimmen – und sei es auch nur im seichten, knietiefen Wasser. Haie sind Jäger und nachtaktiv.

Polarmeere

Polargebiete sind die kältesten Gegenden der Erde. Das liegt daran, dass die Sonnenstrahlen in einem sehr flachen Winkel auf die Erdoberfläche auftreffen und der Boden nie richtig erwärmt wird. Es gibt nur einen sehr kurzen Sommer, in welchem die Sonne nicht untergeht. Es wird nie dunkel. Im langen, finsteren Winter wiederum geht sie nie auf. Das einzige natürliche Licht liefert in dieser Zeit der Mond.

Obwohl die Polarzonen lebensfeindlich sind, finden sich hier dennoch Tiere wie Eisbären, Pinguine und Robben, Meeressäuger und Fische. Sie haben sich an die schwierigen Existenzbedingungen vor Ort optimal angepasst. Menschliche Siedlungen gibt es in diesen Gebieten nur wenige, die meisten werden von den Inuit im Norden Alaskas und auf Grönland bewohnt. Alert Nunavut ist die nördlichste dauerhaft besetzte menschliche Ansiedlung der Erde. Der antarktische Kontinent selbst ist, bis auf wenige Wetter- und Forschungsstationen, unbewohnt.

Info: Robbe

Baby-Robben haben ein dichtes Fell, das beim Erwachsenwerden verschwindet. Zum Schutz vor der Kälte haben sie zudem eine zehn Zentimeter dicke Fettschicht unter der Haut.

Die Sinnesorgane der Robben funktionieren sowohl über als auch unter Wasser: Ihre Augen sind verhältnismäßig groß, und beim Tauchen werden Ohren und Nase verschlossen, durch das Innenohr können sie aber immer noch gut hören. An Land haben sie einen sehr gut entwickelten Geruchssinn und unter Wasser orientieren sie sich mit Tasthaaren, die hoch entwickelt sind. Sie sind für die Robben überlebenswichtig: Eine Robbe, die ihre Tasthaare verloren hat, kann keine Fische mehr fangen und verhungert.

Der Körper aller Robbenarten hat sich im Laufe der Zeit vollständig dem Leben im Meer angepasst. So haben sich ihre Vorder- und Hinterbeine zu Flossenfüßen umgebildet, mit denen sie sich im Wasser hervorragend fortbewegen können. Deswegen sind alle Robben ausgezeichnete Schwimmer und Taucher. Manche Robbenarten können Hunderte Meter tief tauchen. An Land hingegen können sie sich nur mühsam fortbewegen.

Die Tiefen der Ozeane

Die Abgründe der Meere sind die rätselhaftesten Regionen unserer Erde. Sogar über den Mond weiß die Wissenschaft mehr als über die gewaltigen Tiefen der Ozeane. Dort gibt es Tiere, die noch nie ein Mensch gesehen hat. Aktuell ist erst ein Prozent der gesamten Tiefsee erforscht.

Was die Erforschung so schwierig macht sind insbesondere zwei Faktoren: die Dunkelheit und der immense Druck. Zwar reichen die Strahlen des Sonnenlichts bis etwa 900 Meter in die Tiefe, die Lichtenergie ist aber schon ab 150 Metern für Pflanzenwuchs kaum noch ausreichend.

In der Tiefe gibt es manchmal aber ein unheimliches und merkwürdiges Scheinen. Dies wird von den Tiefseebewohnern selbst erzeugt. Diese sogenannte Biolumineszenz entsteht durch Bakterien, die ein kaltes Licht ausstrahlen. Einige der Meereslebewesen halten sich diese Bakterien wie Haustiere in bestimmten Lichtorganen und locken damit Beute an.

Der atmosphärische Druck beträgt auf Meereshöhe ungefähr ein Bar. Je zehn Meter Tiefe nimmt er um ein weiteres Bar zu. In 10 000 Metern Tiefe lastet auf jedem Quadratzentimeter also ein Gewicht von etwa einer Tonne. Die Tiere in diesem Lebensraum besitzen keine mit Gas gefüllten Körperbereiche oder Wirbel. Diese würden durch die hohe Pression zusammengequetscht werden. In ihrem Gewebe ist viel Wasser eingelagert, wodurch sie dem hohen Druck Stand halten können.

Selbst am tiefsten bekannten Punkt der Erde, im 11 000 Meter tiefen Marianengraben im pazifischen Ozean, gibt es noch reges Leben. Obwohl dort der Wasserdruck über 1 000 Mal höher als an der Oberfläche ist und ewige Dunkelheit herrscht, trifft man Lebewesen wie Borstenwürmer, Schlangensterne, Tiefseekrebse und viele andere wirbellose Tiere an.

Muräne: Schatten-Transformation

Ich habe alle Selbstheilungskräfte, um auf allen Ebenen kraftvoll und gesund zu sein.

Muränen gelten als »Schrecken der Meere«. Aus ihrem Versteck oder in die Enge getrieben schießen sie wie ein Torpedo hervor. Genauso verhält es sich auch mit unseren wunden Punkten, unseren Schatten: Es geht dir gut, alles läuft bestens, und plötzlich passiert eine Kleinigkeit, und dich überfällt ein alter Schmerz, Zorn oder Ärger, du hast deine Gefühle nicht mehr unter Kontrolle, sie sind völlig irrational.

Dann gilt es, dir deine Schatten genau anzuschauen und sie zu transformieren. Dahinter verbirgt sich meist ein Geschenk, eine positive Energie, die dann endlich als Ressource und Lebenskraft zum Vorschein kommen darf.

Info: Muräne

Wer mit den Händen unvorsichtig Spalten und Höhlen erkundet, kann schnell Bekanntschaft mit Muränen machen. Zwar greifen sie im freien Wasser kaum an, doch können sie es gar nicht leiden, wenn jemand sie in ihren gemütlichen Behausungen überrascht. Den unvorsichtigen Unterwassertouristen erwartet dann ein schmerzhafter Biss.

Die Raubfische können zwölf Zentimeter bis vier Meter lang und 30 Kilogramm schwer werden und haben ein kräftiges Gebiss mit spitzen Zähnen, das schlimme Wunden verursachen kann. Einige Muränenarten sind außerdem giftig: Ihre Giftdrüsen sitzen in der Mundschleimhaut hinter den Hakenzähnen und entleeren sich bei einem Biss direkt in die Wunde.

Übung: Heilung

Lege dich hin, und entspanne dich. Schließe deine Augen. Rufe deine Schutzengel oder dein Krafttier – ein Geistwesen in Tierform und ein wichtiger Hüter, Heiler und Führer der Menschen – herbei, um dich zu unterstützen und zu begleiten.[16]

Lasse dich nun, begleitet von deinem Schutzengel oder Krafttier, in die Tiefe der Meere und deiner Seele sinken. Hinunter, in die Tiefe, wo alles dunkel ist.

Werde dir nun bewusst, was deine größte Angst ist. Schaue sie dir genau an, mache dir jedes Detail bewusst. Dein Schutzengel oder dein Krafttier steht neben dir und gibt dir dabei die Sicherheit, genau hinzuschauen. Nimm dir dafür genügend Zeit, und lasse alle Gefühle und Bilder zu, die hochkommen.

Bitte nun deine Angst, sich in das Geschenk und die positive Energie zu transformieren, die dahinter liegen. Wenn deine größte Angst etwa ist, allein zu sein, erlebst du nun den Durchbruch zu Freiheit und wie du das Leben und dich selbst genießen kannst. Bitte bei der Verwandlung deiner Angst in Kraft auch deinen Schutzengel und dein Krafttier um Hilfe.

Nimm nun wahr, wie du dich stärker, entspannter oder mit anderen positiven Fähigkeiten ausgestattet fühlst.

Tauche nun wieder an die Oberfläche. Bedanke dich bei deinen Helfern, die dich begleitet haben.

Atme tief ein und aus, und öffne die Augen. Willkommen im Leben!

---

16 Phillip Kansa, Elke Kirchner: *Finde dein Krafttier und höre die Botschaft seiner Seele*, Schirner Verlag.

SÜSSE Gewässer

Wasser ist das Blut der Mutter Erde – und Bäche, Flüsse und Seen sind ihr Blutkreislauf. Sie durchdringen alle Regionen dieser Welt, damit es nicht nur in den Meeren das flüssige Element gibt, sondern auch an Land.

Das Salzwasser der Ozeane dominiert dabei. 96 Prozent des Gesamtwasservorkommens unseres Planeten besteht aus dem Salzwasser der Meere. Von den restlichen vier Prozent Süßwasser finden sich drei Prozent im Eis der Polkappen und Gletscher, ein Prozent im Grundwasser und in Gesteinsporen. Die Gewässer der Flüsse und Seen stellen nur einen sehr kleinen Anteil von 0,01 Prozent des Gesamtvolumens dar.

Im Ganzen gesehen ist der Anteil des Süßwassers im Wasserhaushalt unseres Planeten also sehr gering. Trotzdem gibt es, wenn man die einzelnen Erdregionen betrachtet, viele und zum Teil riesige Süßwassergebiete – der Lebensraum vieler Lebewesen.

Die Großen Seen

Weite. Ich kann atmen. Ich sehe keine Menschenseele weit und breit. Ich sitze an einem weißen Sandstrand und blicke aufs Wasser. Nichts als Blau, so weit ich schaue. Keine Boote. Einfach nur Weite. Das Land auf der anderen Seite ist viel zu weit weg, um es zu erkennen.

Ich drehe den Kopf nach links. Der Sandstrand läuft endlos weiter. Auch da sehe ich keine Menschen, keine Häuser, nichts. Zu meiner Rechten dasselbe.

Entspannt atme ich ein und aus. Ich komme zur Ruhe. Vor mir ist das riesige Gewässer, in meinem Rücken der Wald – ein wunderschöner, grüner, satter Wald mit Pilzen, Rehen und duftenden Blumen.

Ich bin nicht am Meer – sondern an einem See, ein See so groß wie ein Ozean. Nein, nicht nur ein einzelner See – die ganze Region ist übersät mit Seen. Tausende kleinerer – und eben auch fünf große Seen finden sich in Nordamerika.

Eigentlich sollten sie »Riesen-Seen« heißen. Mit etwa 245 000 Quadratkilometern bilden die fünf Großen Seen die größte Süßwasserfläche der Erde und sind das wichtigste und größte Reservoir für

die Wasserversorgung der USA und Kanada. Der Michigansee allein hat eine Oberfläche größer als die Schweiz und der Obere See ist so umfangreich wie Österreich. Man möge sich das einmal vorstellen: Nichts als Süßwasser!

Bei Unwetter herrschen hier auf dem Wasser Wellen- und Sturmkonditionen wie auf dem Meer – mit Wirbelstürmen und gigantischen Brechern. Bootsfahrer sollten aus Sicherheitsgründen wirklich gut ausbildet sein.

Etliche Jahre meiner Volksschulzeit lebe ich am Michigansee, in dieser wunderschönen Naturumgebung. Durch die Arbeit meiner Familie reisen wir im Laufe meiner Kindheit und Jugend immer wieder um die ganze Welt. Aber in diese Gegend kehre ich immer wieder zurück, auch später und während meines Studiums, wochen- und monatelang. Das Seengebiet ist einfach wunderschön und einmalig.

Im Winter, wenn der See zufriert, wandern über das Packeis manchmal die Wölfe von Kanada herunter. Dann ist es sinnvoll, zu Hause zu bleiben. Im Frühling, wenn das Eis taut, springt es durch die Spannungsentladung und man kann das Knallen dabei kilometerweit wie Gewehrschüsse hören – peng peng peng.

Die Einheimischen sprechen von den Seen wie über Lebewesen – und im Prinzip sind sie das ja auch. In der warmen Jahreszeit spielt sich das Leben der Menschen hier am Wasser ab: Schwimmen, Segeln, Fischen, Motorboot- oder Jetski fahren, Windsurfen, Grillen oder Partys am Sandstrand, mit Yachten von Hafen zu Hafen tingeln, Camping am Wasser…

Mein Blick schweift wieder in die Weite. Ich blicke auf den riesigen See während ich mich erinnere. Ich fühle eine tiefe Dankbarkeit, hier einige Jahre meines Lebens verbracht zu haben, das Wasser und viele Tiere erlebt, beobachtet und kennengelernt zu haben!

Otter: Im Moment Sein

Ich gehe achtsam mit mir um.
Ich bin einfach.

Otter sind zwar flinke Schwimmer – am liebsten aber liegen sie auf dem Rücken im Wasser und genießen ihr Dasein.

Der Otter lädt dich ein: Komme zur Ruhe, und entspanne dich in diesen Moment hinein … Meditiere, tagträume, mache gar nichts – sei einfach. Widerstehe dem Drang, aufzustehen und etwas zu tun. Fühle dich nicht schuldig, dass du einmal nichts tust.

Gib dir die Erlaubnis, deine Sorgen und Leiden aus deinem Bewusstsein entschwinden zu lassen, sodass du diesen Moment und Frieden erleben kannst. Halte inne, und genieße es, einfach zu sein.

Info: Otter

Otter können bis zu eineinhalb Meter lang und 45 Kilogramm schwer werden. Sie sind weltweit verbreitet und leben an und in Süß- und Salzgewässern, also in Flüssen, Seen und Meeren. Am Ufer der Gewässer errichten sie sich einen Bau – dieser kann sogar bis zu mehrere Kammern besitzen, dessen Eingang sich meist unter Wasser befindet und nur schwimmend zu erreichen ist. Die Höhle selbst ist aber immer oberhalb der Wasserlinie.

Die Fortbewegung an Land ist für Otter sehr anstrengend. Im Wasser dagegen sind sie flink und exzellente Schwimmer. Sie können bis zu 60 Meter tief tauchen, teilweise sogar bis zu 100 Meter tief. Dabei können sie den Atem bis zu fünf Minuten lang anhalten.

Am liebsten lassen sich die Seeotter jedoch regungslos an der Wasseroberfläche treiben, mit dem Bauch nach oben. Gelegentlich machen sie dabei auch ein Nickerchen, dann halten sie miteinander Händchen, damit sie nicht voneinander wegtreiben. Die Jungen ruhen dabei sogar auf dem Bauch der Mutter.

Übung: Sein

Gehe in der Natur an ein Gewässer – an einen Bach oder Fluss, an einen Wasserfall, See oder ans Meer. Suche dir dort einen schönen Platz, und komme in Ruhe an.

Atme entspannt, und beobachte deinen Atem, wie er bei jedem Ausatmen aus deiner Nase strömt, und wie er bei jedem Einatmen wieder durch Mund oder Nase in dich hineinfließt.

Beobachte für einige Minuten deinen Atem auf diese Weise. Du wirst bemerken, dass dir innerhalb kürzester Zeit Gedanken durch den Kopf gehen. Wenn dies geschieht, richte deine Aufmerksamkeit wieder auf deinen Atem. Gib deine Gedanken ins Wasser, und lasse sie damit davonziehen. Atme etwas intensiver, wenn dir das hilft, mit deiner Aufmerksamkeit bei deinem Atem zu bleiben.

Beobachte nach einer Weile auch nicht mehr deinen Atem. Lasse deine Gedanken einfach weiterziehen, und entspanne dich. Sei einfach da, und genieße die schöne, natürliche Umgebung, solang du möchtest!

Süß- und Salzgewässer

Der Unterschied zwischen Süß- und Salzwasser liegt in der Konzentration an gelösten Salzen wie Natrium, Magnesium und Kalzium, sowie Chlorid, Sulfat und Hydrogenkarbonat: Bei einem Salzanteil von weniger als einem Gramm je Liter spricht man von Süßwasser, bei einem höheren Anteil von Salzwasser.

Mineralwasser hat z. B. eine Konzentration von ungefähr einem Gramm Salz pro Liter. Das Wasser der Nordsee enthält 30 Mal mehr Salz. Das entspricht in etwa der Menge von drei Esslöffeln Salz pro Liter.

Das Süßwasser in Bächen, Flüssen und Seen wird in der Regel vom Regenwasser gespeist. Das Regenwasser entsteht durch die Verdunstung der Ozeane. Dabei nimmt der entstehende Wasserdampf kaum Mineralien mit und wird in Form von Wolken verweht, kondensiert und fällt als Niederschlag über das Land und die Ozeane. Regenwasser enthält kein Salz, weil dieses bei der Verdunstung zurückbleibt, und ist damit das mineralärmste Wasser auf unserer Erde.

Vom Land strömt dieses Wasser in den Flüssen abschließend wieder zurück in die Ozeane und kommt auf seinem Weg durch Boden und Gestein in Kontakt mit löslichen Mineralen. Es nimmt dabei unterschiedliche Anteile von Salzen auf. Die Ozeane reichern durch diesen ständigen Eintrag an gelösten Mineralen somit immer mehr Salze an.

Seekuh – Manatee: Gemütlichkeit

Ich fühle mich vom Leben genährt, wohl und geborgen.

Seekühe sind freundlich, kuscheln viel und haben es gern gemütlich. Dabei entspannen sie sich ins Wasser hinein und genießen einfach das Dahingleiten. Dabei bewegen sie sich maximal mit drei bis sieben Kilometern pro Stunde im Wasser, bleiben aber oft für längere Zeit an demselben Ort.

Sie sind Wassersäugetiere – so, wie die Delfine und Wale –, leben und schlafen am Grund von Flüssen und schwimmen an die Oberfläche, um

zu atmen. Die Rundschwanzseekuh kann im Gegensatz zu ihren Artgenossen nicht nur in Salz-, sondern auch in Süßgewässern leben. Sehkühe halten sich meist in Küstennähe oder in sehr flachem Wasser auf.

Seekühe sind Teil einer sehr alten Säugergruppe, die schon vor etwa 60 Millionen Jahren auf unserer Erde gelebt hat – ihre nächsten Verwandten sind die Elefanten. Sie sind Pflanzenfresser und ernähren sich von Seegräsern und Wassersalat. Mit dieser gesunden Ernährung werden Manatees bis zu viereinhalb Metern lang und 500 Kilogramm schwer und erreichen ein Alter von etwa 60 Jahren.

Blaues Gold der Zukunft: Schutz

Seit einigen Jahren gibt es einen neuen Beruf, den »Wasserjäger« – eine Art Schatzjäger des 21. Jahrhunderts. Unternehmer, Wissenschaftler und Privatpersonen durchsuchen dabei – aus Eigeninteresse oder im Auftrag von Dritten – unseren Planeten nach Süßwasserquellen. Haben sie diese gefunden und erworben, bieten sie das flüssige Element dem an, der am meisten dafür bezahlt.

Wasser mutiert so zu einem wahren Wirtschaftsgut und ist bereits einer der wertvollsten wirtschaftlichen Faktoren, da es dringend benötigt wird von Privatpersonen, der Industrie und der Agrarwirtschaft. Denn obwohl 70 Prozent der Erdoberfläche mit Wasser bedeckt sind, stellen nur vier Prozent aller Wasservorkommen der Erde Süßgewässer dar – und sind für den Menschen genießbar. Die Menge ist seit der Entstehung unseres Planeten ungefähr gleich groß geblieben: Seit Millionen von Jahren zirkuliert unaufhörlich dasselbe Wasser – es ist kein neues mehr dazugekommen. Durch das laufende Bevölkerungswachstum, die Verschmutzung des Wassers, den Klimawandel, die Übernutzung der Grundwasservorräte sowie eine schlechte Verteilung ist jedoch ein weltweit wachsender Wassermangel entstanden – und was knapp und von Wert ist, erzielt auf dem Markt einen hohen Preis. Banken bieten bereits seit einigen Jahren Fonds an, die ausschließlich in Wasserprojekte und -firmen investieren, und große Wirtschaftsunternehmen versuchen, sich der knappen Reserven an Trinkwasser zu bemächtigen.

Menschenrecht Wasser

Die UNO hat, zwar spät, aber nun endlich darauf reagiert: Mit den Stimmen von 122 Ländern erklärte die UNO-Vollversammlung 2010 den Zugang zu sauberem Trinkwasser und zu sanitärer Grundversorgung zu einem Menschenrecht.

Einige wenige Länder wie Südafrika oder Ecuador haben sofort auf diesen Beschluss reagiert und das Menschenrecht auf Wasser klugerweise in ihre Verfassung übernommen. Menschenrech-

te sind nämlich nach Völkerrecht nicht einklagbar und so können sich daraus keine rechtlichen Konsequenzen mit Wirtschaftsunternehmen ergeben – anders verhält es sich jedoch, wenn etwas ohne Zusammenhang mit Menschenrechten in der Verfassung eines Landes steht.

Die meisten Länder aber haben das Grundrecht auf Wasser nicht in ihre Verfassung übernommen, möglicherweise auf Druck der Lobbys der großen internationalen Firmen. Das bedeutet, dass – wenn es so weit ist und Wasser noch größere Mangelware wird – für den Verkauf des Wassers rechtliche Schritte unternommen werden könnten, um dies für die Konzerne zu ermöglichen.

An sich würde die Trinkwassermenge auf Erden für die Menschheit laut einer UNO-Studie reichen – ebenso wie auch die Lebensmittel. Das Hindernis dabei ist jedoch die Verteilung. Es gibt Gebiete, in denen das flüssige Element im Überfluss vorhanden ist und im Gegensatz dazu Gebiete, in denen akute Knappheit herrscht. So leben heute über 2,3 Milliarden Menschen ohne eine ausreichende Wasserversorgung und ohne vernünftige sanitäre Einrichtungen. Neben dem Verteilungsproblem besteht auch ein Verbrauchsproblem: 70 Prozent des blauen Elements werden für die Landwirtschaft, 20 Prozent für die Industrie und nur zehn Prozent für die Haushalte verwendet.

Lebensraum Ozeane

Unsere Meere sind die Heimat einer unglaublichen Vielfalt von Pflanzen und Tieren – vom mikroskopisch kleinem Plankton bis hin zum größten Lebewesen, dem Blauwal. Unter den Wellen liegt eine herrliche Wunderwelt, doch sie wird von uns Menschen bedroht: Ölverschmutzung, Radioaktivität und Überfischung zerstören sie in einem erschreckenden Tempo.

Viele der wunderbarsten und schönsten Spezies werden daher immer noch gejagt, obwohl sie bereits vom Aussterben bedroht sind. Wale, Robben, Haie, Eisbären und Meeresschildkröten sind nur ein paar dieser gefährdeten und gejagten Arten. Die lebensspendenden Ozeane und ihre Pflanzen und Tiere brauchen dringend unsere Hilfe.

Walhai: Schutz

Ich schütze meine Welt.

Unterwasser-Begegnungen mit dem größten Fisch der Erde sind selten geworden, denn das Fleisch der Walhaie – wie auch das Fleisch anderer Haiarten – ist vor allem in Asien eine beliebte Delikatesse. Die große Nachfrage danach – besonders in Taiwan und Hongkong – und die Aussicht auf über 3 000 Euro pro erlegtem Walhai, verlocken Fischer immer wieder dazu, die Meeresgiganten zu jagen.

So sind die Walhaie vielerorts bereits ausgestorben oder akut vom Aussterben bedroht und befinden sich heute auf der Roten Liste der vom Aussterben bedrohten Tierarten wieder.

Der Walhai – die größte Hai-Spezies – kann ausgewachsen eine Körperlänge von zwölf bis 20 Meter sowie ein Gesamtgewicht von 20 bis 34 Tonnen erreichen. Der Riese ist aber friedlich und frisst Plankton, so, wie auch die großen Bartenwale. Seine Lebenserwartung ist ebenso lang: 60 bis 150 Jahre.

Auch andere Haiarten fallen exotischen Essgewohnheiten zum Opfer. Mehr als 100 Millionen Tiere werden jährlich getötet und die meisten wegen ihrer Flossen zu teurer Suppe verarbeitet.

Plastik

Millionen Tonnen Plastik befinden sich in den Ozeanen und machen fast 90 Prozent der gesamten Meeresverschmutzung aus. UNO-Experten schätzen, dass ein Quadratkilometer See 46 000 Stücke Kunststoffmüll enthält. Der Großteil sind Tüten.

Pro Kopf werden weltweit durchschnittlich 300 Plastiksäcke jährlich verbraucht. Mehr als 260 Arten von Meerestieren leiden, weil sie Synthetikmüll verschlucken, darunter Meeresschildkröten und Albatrosse. Sie verwechseln Plastiktüten mit ihrer natürlichen Nahrung, den Quallen.

Im Ozean hält Kunststoff mehrere Hundert Jahre, manchen Wissenschaftlern zufolge sogar mehrere Tausend. Es zerfällt in kleinste Teilchen und kann somit von allen Meeresbewohnern verschluckt werden – vom kleinsten Organismus bis zum größten Wal.

Lösungen

Es gibt sie, die Lösungsversuche. Etwa das »Ocean Cleanup Array«, bei dem schwimmende Siebe mithilfe der Meeresströmung Millionen Tonnen Kunststoffmüll aus den Ozeanen fischen, der zum Recycling an Land befördert wird. Dabei werden Trichter verwendet, die nur mit der Kraft der Strömung arbeiten, sodass Tiere, die sich in den Trichtern befinden, daraus wieder entfliehen können.

Ein anderes Beispiel ist eine Maschine, die aus Plastikabfällen wieder Öl macht. Die Technik dafür ist seit den 1930er-Jahren bekannt, heute ist sie aber zu einer Notwendigkeit für uns Menschen geworden. Eine solche Fabrik existiert bereits in Deutschland, und zwar in Mannheim. Der Grundstein für die Ölerzeugung der Zukunft ist gelegt.

In Hawaii sind Plastiktüten in Geschäften seit 2013 inzwischen generell nicht mehr erlaubt. Man kriegt sie auf der Insel nicht mehr. Überall auf der Welt sollte es ein solches Verbot geben! In Hawaii funktioniert es bestens, ich weiß es aus eigener Erfahrung. Das Leben wird überhaupt nicht beeinträchtigt und man fühlt sich dabei viel besser, weil man der Umwelt hilft.

Denn in jedem von uns Menschen ist der Wunsch, auf die Erde achtzugeben, vorhanden. Die Frage ist nur, ob und wie wir diesem Wunsch nachgeben.

Ráhui – Selbsterneuerung: Maori-Konzept des Umweltschutzes

Interview mit Glenn Edney, Ökologie-Experte und Buchautor (Humpback Whales of The South West Pacific) aus Neuseeland (www.ocean-planet.org), der unter anderem mit Oceans Watch (www.oceanswatch.org), mit indigenen pazifischen Gruppen und mit GRID-Arendal, einem Umweltprogramm, das mit dem United Nations Environment Programme (UNEP) zusammenhängt, gemeinsam arbeitet. Er hat die wunderschönen Bilder auf den Seiten 21, 45, 58, 140, 143, 158, 159, 188, 220 und 246 in diesem Buch gemacht.

Wie können wir die verschmutzten und leergefischten Meeresgegenden wiederherstellen?

Die neuseeländischen Maori sperren schon seit jeher abgewirtschaftete Zonen ab, damit diese sich erneuern können. Niemand darf da rein. Sie müssen ruhen und sich so selbst heilen und regenerieren. Dieses Konzept nennen sie *ráhui* und ist für sie sehr wichtig. Wir können viel daraus lernen. Es basiert auf traditionellem ökologischen Wissen, gewonnen daraus, über Tausende von Jahren am selben Ort zu leben. Dadurch hat sich ein tiefes Verständnis für Zyklen und dafür, wie ökologische Systeme funktionieren, entwickelt. Aus dem heraus sind sie in der Lage, zu sagen: »So war es früher nicht – wir müssen etwas daran ändern.«

Was können wir verändern?

Es gibt viele Möglichkeiten. Einfache Veränderungen, die schnelle und große Resultate bringen, sind etwa, dass wir Regenwasser sicher ableiten, welches durch

Chemikalien und Unrat in der Erde verseucht ist. Oder auch das verschmutzte Abflusswasser von Industrie, Farmen und Menschen. In vielen Gegenden wird es immer noch einfach ins Meer geleitet. Andere Veränderungen liegen tiefer in uns Menschen – etwa, was und wie wir konsumieren; oder dass jeder die Verantwortung übernimmt.

Was kann dabei ein Einzelner bewirken?

Die meisten denken, andere werden es lösen. Jeder muss Verantwortung für seine Beziehung zum Ozean und Wasser übernehmen. Die Probleme wurden von sieben Milliarden Menschen gemacht. Und sie werden von sieben Milliarden Menschen gelöst werden. Regierungen sind dafür da, die Impulse der Bürger und Bevölkerung umzusetzen. Irgendwie hat sich das aber auf den Kopf gestellt und ist jetzt ein Pyramiden-System. Das

wieder umzudrehen, ist wesentlich, um positive Veränderungen herbeizuführen; und dafür müssen alle Menschen auf dem Planeten sorgen; jeder Einzelne. Ich selbst habe das begriffen, als ich einmal eine tiefe Begegnung mit einer Buckelwal-Mutter hatte. Es war einfach nur magisch – genauso wie alles Leben. Ihr Energiefeld hat mich eingehüllt und ich erhielt Bilder, von Walen auf Reisen, Kälbern. Sie hat mit mir telepathisch gesprochen. Ich war überwältigt. Diese Begegnung hat meine Sicht auf das Leben verändert und mir gezeigt, was ich machen muss in Bezug auf meine Arbeit für die Ozeane. Es ist da so viel intelligentes, fühlendes und spirituelles Leben im Wasser – und wir haben kein Recht, es zu stören, zu zerstören und zu beeinträchtigen. Es ist Zeit für uns Menschen, Verantwortung für unsere Handlungen zu übernehmen.

Anemonenfisch – Nemo: Verbundenheit

Ich bin in allem,
alles ist in mir – und ich
sorge sowohl für das große
Ganze als auch für mich.

Alle lieben ihn: Nemo, den Clownsfisch. Dabei ist dieser Winzling der Meere mit viel Weisheit ausgestattet, von der wir Menschen lernen können: Er sorgt für die Anemonen, in denen er wohnt.

Anemonen bieten den kleinen Clownsfischen mit ihren giftigen Nesselzellen Schutz vor den vielen großen Fressfeinden. Als Gegenleistung sorgen die Nemos nicht nur für saubere Tentakel, sondern sie wedeln nachts auch Sauerstoff heran, wenn dieser im Wasser knapp wird.

Alles ist beseelt, nicht nur der Mensch. Alles hat ein eigenes Bewusstsein. Auch du bist Natur! So, wie dein Körper von Blutbahnen durchzogen ist und aus Zellen besteht, so sind die Flüsse und Erzadern die Blutbahnen der Erde – und die Menschen sind ihre Zellen.

Die Erde gibt dir Nahrung, Kleidung, ein Zuhause. Kümmere auch du dich um deinen Planeten. Das kann dir auf ganz natürliche Weise gelingen, indem du dich selbst als Teil der Ozeane und der Erde wahrnimmst.

Info: Anemonenfisch – Nemo

Die Anemonenfische, häufig auch Clownsfische genannt, leben in enger Symbiose mit Seeanemonen. Dabei leben die einzelnen Arten nur mit bestimmten Arten von Anemonen zusammen

Clownfische, die gerade mal zwischen acht und 15 Zentimeter lang werden, leben paarweise oder in kleinen Gruppen. Sie ernähren sich von Plankton, einige auch von Algen. Sie haben eine orangerot leuchtende Farbe, die von drei weißen, senkrechten Streifen unterbrochen wird, die wiederum von einem schwarzen Rand gesäumt sind. Je nach Herkunft der Fische ist der schwarze Rand breiter oder schmaler. Diese Färbung hat einen ganz besonderen Sinn: die Fische können sich so gegenseitig erkennen.

Übung: Achtsamkeit

Gehe an einen schönen Platz in der Natur, an dem du ungestört bist. Begrüße dort die Spirits, die Kräfte des Platzes, und stelle dich mit deinem Namen vor.

Suche dir drei Punkte aus, die du jeweils mit einem Stein markierst. Der erste Punkt ist deine Vergangenheit auf der Erde, der zweite Punkt ist deine Gegenwart, und der dritte Punkt ist deine Zukunft.

Setze dich auf den ersten Platz, mit Sitzrichtung zurück, in die Vergangenheit. Entspanne dich, und warte einfach auf Bilder, Gefühle und Einsichten, die dir kommen. Erfahre, was du gut gemacht hast, und was weniger. Stelle Fragen, die dich beschäftigen.

Wenn du am ersten Platz fertig bist, bedanke dich, und gehe auf den Platz der Gegenwart. Dabei sitzt du in der Richtung, die für dich stimmig ist. Lasse wieder Bilder und Informationen in dir hochkommen.

Auch hier kannst du Fragen stellen, z.B., was du zum Gleichgewicht der Erde beitragen kannst, oder weshalb es zurzeit so
viel Unruhe auf der Erde gibt. Wieso lebst du genau zu dieser
Zeitenwende auf der Erde? Was ist deine spezielle Aufgabe im
Ganzen? Fühle die Energie der Gegenwart — dort, wo du lebst,
sowie an anderen Plätzen der Erde.

Wenn du an diesem Platz fertig bist, bedanke dich, und gehe auf
den dritten Platz, den Platz der Zukunft. Setze dich auch hier
wieder hin, diesmal mit Blickrichtung nach vorne. Was kannst du
zu einer guten Zukunft für dich und für alle auf der Erde beitragen? Wo und wie würdest du dann leben? Finde auch heraus,
ob deine Entscheidungen Gutes für die Menschen bedeuten, die
nach dir kommen — verursache kein unnötiges Leid.

Du kannst auch mehrmals zwischen den verschiedenen Positio-
nen hin- und herwechseln, falls du mehr Klarheit brauchst oder
Zusammenhänge besser verstehen möchtest.

Wenn du fertig bist, bedanke dich bei den Kräften für die Bilder, Informationen und Antworten, die du erhalten hast.

Fußspuren aufräumen

Dieses Konzept existiert in vielen ursprünglichen und schamanischen Kulturen. Mache jeden deiner Schritte unter Berücksichtigung der Erde unter deinen Füßen, und hinterlasse sie schöner, als du sie vorgefunden hast.

Unsere Handlungen haben langfristige Auswirkungen. Frage dich, welche Konsequenzen deine Taten für die vielen Generationen nach dir haben werden. Denke darüber nach, wie du ihnen eine schöne Welt hinterlassen kannst.

Mögen unsere Kinder in sieben Generationen noch Schildkröten und *Nemos*, Wale und Delfine, Bäume und Pflanzen betrachten können. Mögen sie die endlose Schönheit und den Überfluss auf unserem blauen Planeten und in unseren Ozeanen genießen!

Ich bin ein Kind
von Sonne, Mond und Sternen.
Ich bin ein Kind
der Erde und der Meere.
Ich bin ein Kind
des Lichtes und der Liebe.

Danksagung

Mein innigster Herzensdank geht an die Delfine und Wale und an alle Meeresbewohner – sowohl die sichtbaren als auch die der Spirit-Welt: Wie viel habe ich schon mit euch erlebt, durfte ich von euch lernen – Heilung, Freude und Liebe!

Danke an meine Verleger Heidi und Markus Schirner für ihr Vertrauen und ihre positive Lebenshaltung; an meinen humorvollen und sehr klugen Lektor Rudolf Garski und an Janina Vogel; sowie an Simone Leikauf für die meisterhafte und wunderschöne grafische Gestaltung dieses Buches!

Besonders bedanken möchte ich mich bei den vielen Fotografen und Künstlern, die mir für dieses Buch unentgeltlich einige ihrer Werke zur Verfügung gestellt haben. Ohne ihr Geschenk und Entgegenkommen wäre die Vielfalt an Bildern, wie sie in diesem Buch zu sehen ist, und die so der Schönheit der Ozeanwelt gerecht werden, gar nicht möglich gewesen. Sie haben Stunden um Stunden und etliche Jahre an Gewässern verbracht, aus Passion, um diese ausdrucksstarken Bilder zu machen:

Paul MacIsaac filmte unsere wunderschöne DVD Delfine: *Engel und Heiler der Meere*; er lebt auf Hawaii (paulmacisaac@yahoo.com).

Auch auf Hawaii wohnt die international bekannte Künstlerin und Autorin **Francene Hart**, mit der ich unser Kartenset *Seelen-Medizin* realisieren konnte. Mit Begeisterung schwimmt sie seit Jahren jeden Morgen im Meer bevor sie malt (www.francenehart.com).

Von **Sunlight on Water** lasse ich mich gern mit meinen Gruppen zu den Delfinen und Walen führen, wenn wir nicht vom

Strand zu ihnen schwimmen. Sie machen dies sehr einfühlsam und sind ursprünglich hawaiianisch (www.sunlightonwater.com).

Mit **Christian Heeb** verbindet mich meine journalistische Vergangenheit mit Reiseberichten; der internatioinal bekannte Fotograf und Autor vieler Fotobücher lebt in den USA (www.heebphoto.com).

Dr. Isabel Beasley setzt sich als australische Wissenschaftlerin für den Schutz der Delfine ein (www.snubfinproject.com).

Glenn Edney, Ökologie-Experte und Buchautor (*Humpback Whales of The South West Pacific*) aus Neuseeland, gab mir für dieses Buch das Interview auf Seite 242 über den Schutz der Meere (www.ocean-planet.org).

GRID-Arendal, mit dem der o.g. Glenn Edney kooperiert, ist ein Umweltprogramm mit dem United Nations Environment Programme (UNEP) (www.grida.no).

Samyo Jürgen Hoheisel, erfahrener Kapitän für Meeressäuger, führte auf seinem Boot auch schon eine meiner Seminarreisen in Gomera zu Delfinen und Walen (www.samyo.de).

Grant Brummett aus Arizona liebt es, Menschen zu fotografieren – auch die im Meer (www.grantsphotos.b2webs.com). Ebenfalls in den USA lebt **Gary Powell**.

In Kalifornien an der Meeresküste haben **Jim Gresham**, **Rick Hagerty** (www.ourwhalewatchphotos.com) sowie **Ashala Tylor** (www.ashalatylor.com) viele Möglichkeiten, die Ozeane zu fotografieren.

Auf ihren Reisen haben der Franzose **Sébastien Turpin** und die Österreicherin **Uli Liebl** wunderschöne Bilder gemacht. Die österreichische Künstlerin **Hilda Protschka** verarbeitet gestalterisch ihre ausdrucksstarken Werke.

Von Herzen Danke an euch alle!

Literatur

Bambaren, Sergio: Der träumende Delfin, Piper, München 1999.

Biritz, Lisa: Spirit im Gepäck, Amra, Hanau 2012.

Biritz, Lisa; MacIsaac, Paul: Delfine – Engel und Heiler der Meere (DVD), Amra Cinema, Hanau 2012.

Biritz, Lisa: Botschaft der Delfine (CD), Schirner, Darmstadt 2013.

Biritz, Lisa: Seelen-Medizin, Schirner, Darmstadt 2014.

Biritz, Lisa; Hart, Francene: Seelen-Medizin (Kartenset), Schirner, Darmstadt 2013.

Cochrane, Amanda; Callen, Karena: Dolphins and Their Power to Heal, Healing Arts Press, Rochester, VT, 1992.

Edney, Glenn: Humpback Whales of The South West Pacific, Ocean Blue Publishing, Tutukaka, New Zealand 2010.

Evans, Dr. Peter: The Natural History of Whales and Dolphins, Facts on File, New York 1987.

Griaule, Marcel: Gespräche mit Ogotemmeli; Renard pâle, Fayard, Paris 1997.

Hemingway, Ernest: Der Alte Mann und das Meer, rororo, Berlin 2012.

Kaivalya, Alanna: Als Vishnu eine Lotosblüte gebar – Legenden und Mythen, Südwest Verlag, München 2011.

Kansa, Phillip; Kirchner, Elke: Finde dein Krafttier und höre die Botschaft seiner Seele, Schirner, Darmstadt 2010.

Kröplin, Prof. Dr.-Ing. Bernd: Die Welt im Tropfen, Institut für Statik und Dynamik der Luft- und Raumfahrtkonstruktionen, Stuttgart 2004.

McIntyre, Joan: Der Geist in den Wassern, Zweitausendeins, Leipzig 1982.

Melville, Herman: Moby Dick – Der Wal, Fischer, Frankfurt a. M. 2009.

Nollmann, Jim: The Man Who Talks to Whales, Sentient Publications, Boulder, CO, 2002.

O'Barry, Richard: Behind the Dolphin Smile, Earth Aware Editions, San Rafael, CA, 2012.

Shiva, Vandana: Der Kampf um das blaue Gold, Rotpunktverlag, Zürich 2003.

Taylor, Scott: Soul in the Sea: Dolphins, Whales and Human Destiny, Frog Ltd., Berkeley, CA, 2003.

Bildnachweis

Tierverzeichnis

Über die Autorin

Die spirituelle Meeresexpertin Lisa Biritz sprach mehrmals vor der UNO über den Schutz und die Bedeutung der Delfine und Wale. Sie arbeitete als Radiomoderatorin, schrieb für Zeitschriften wie »Frankfurter Allgemeine Zeitung – Magazin«, »Geo Saison«, »Süddeutsche Zeitung – Magazin«, und »Elle«.

Die gebürtige Holländerin reiste um die ganze Welt und erlernte die schamanische Arbeit sowohl nach Sandra Ingerman (Kern-Schamanismus) als auch nach Sun Bear, absolvierte Praktika bei Delfin- und Wal-Organisationen. Sie wurde in der Arbeit mit den hochentwickelten Meeressäugern ausgebildet sowie schamanisch initiiert. Heute lebt die Mutter von Zwillingen als Heilerin und Schamanin in Wien und auf Hawaii. Sie begleitet Menschen bei der Begegnung mit frei lebenden Delfinen und Walen.

www.LisaRainbow.com

Ebenfalls von der Autorin erschienen im

www.schirner.com

Die CD zum Buch:

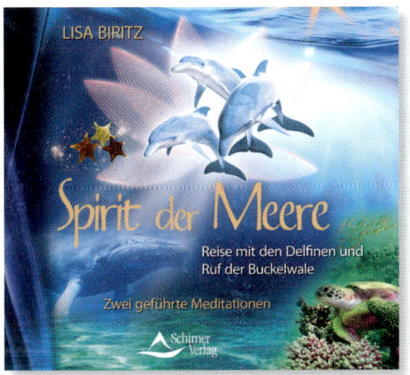

Lisa Biritz
Spirit der Meere:
Reise mit den Delfinen und Ruf
der Buckelwale
Zwei geführte Meditationen
CD, ca. 60 Min.
ISBN 978-3-8434-8284-4

Tauchen Sie mit den Klängen der Delfine und Wale in die Tiefen des Ozeans hinab und erleben sie eine magische Welt! Die CD hält zwei besondere Erlebnisse für Sie bereit. Delfine sind Helfer und Heiler. Wenn Sie sich ihrer Botschaft öffnen, erfahren Sie Unterstützung in allen Belangen des Lebens. Buckelwale gelten als Weisheitsträger. Ihre Gesänge schenken Ihnen Wissen und Kraft.

Lisa Biritz
Botschaft der Delfine
Zwei geführte Meditationen
CD, ca. 53 Min.
ISBN 978-3-8434-8242-4